中小学德育教育探索与实践

王　霞◎著

西南财经大学出版社
Southwestern University of Finance & Economics Press

中国·成都

图书在版编目(CIP)数据

中小学德育教育探索与实践/王霞著. --成都：
西南财经大学出版社,2025.5.
ISBN 978-7-5504-6146-8

Ⅰ.①中…　Ⅱ.①王…　Ⅲ.①中小学—德育工作—研
究　Ⅳ.①G631

中国国家版本馆 CIP 数据核字(2024)第 068787 号

中小学德育教育探索与实践

ZHONG-XIAOXUE DEYU JIAOYU TANSUO YU SHIJIAN

王　霞　著

策划编辑:李邓超
责任编辑:王青杰
责任校对:李　佳
封面设计:曹　签
责任印制:朱曼丽

出版发行	西南财经大学出版社(四川省成都市光华村街55号)
网　　址	http://cbs.swufe.edu.cn
电子邮件	bookcj@swufe.edu.cn
邮政编码	610074
电　　话	028-87353785
印　　刷	成都市新都华兴印务有限公司
成品尺寸	170 mm×240 mm
印　　张	13
字　　数	228 千字
版　　次	2025 年 5 月第 1 版
印　　次	2025 年 5 月第 1 次印刷
书　　号	ISBN 978-7-5504-6146-8
定　　价	78.00 元

前　　言

　　立德树人是教育的根本任务，加强和改善学校德育是学校的首要任务。强化道德教育顺应了时代的需求。当今社会复杂多变，学生容易受到各种诱惑。因此，我们要加强道德教育，帮助他们了解社会，增强"免疫力"，使他们能更好地融入社会，用自己的努力创造一个美好的未来。

　　学校德育如何有效地开展，是大家关心的问题。长期以来，学校德育存在一些问题：一是内容针对性不强，脱离学生的生活实际；二是方法呆板，以讲授为主，缺乏实践体验；三是没有形成合力，许多教师认为德育是德育老师或班主任的事，同时学校与家庭也缺乏合力。因此，学校德育必须改革，需要丰富德育内容，改善德育方法。

　　本书将理论与实践相结合，分为上下两篇。上篇分别从中学德育活动课程目标体系、内容体系、评价体系及各学科协同育人四个方面，讲述了基于核心素养的中学德育活动课程体系构建。下篇主要讲述小学德育，先讲述了小学德育教育的基本理论、主体、环境等内容，再以平阴县实验学校"悦生六季"系列课程为例，分析了小学德育教育校本化课程实践，以期丰富小学德育理论体系，为广大教师提供借鉴。

王霞

2024 年 12 月

目　　录

上篇　中学篇

第一章　核心素养与建构中学德育活动课程

核心素养成为当前课程改革的热点词汇，越来越多的学校依据发展学生核心素养来构建课程体系，并将核心素养融入各个学科教学之中。学生发展核心素养的提出，给学校德育活动课程的变革注入了新的力量，让学校德育活动课程的改革有了引领。

第一节　核心素养的内涵和要素

一、核心素养的内涵

核心素养是学生在接受相应学段的教育过程中，逐步形成的适应个人终身发展和社会发展需要的必备品格和关键能力。

（一）核心素养的目标

在目标上，核心素养的概念指向的是"教育应培养什么样的人"这一问题。由于它的范畴超越了行为主义层面的能力范畴，涵盖了态度、知识与能力等方面。因此，核心素养体现了全人教育的理念，既契合我国传统文化"教人成人"或"成人之学"的特色育人观，又与"促进人的全面发展、适应社会需要"的教育质量根本标准相一致，有利于在实际教育教学工作中培养德智体美劳全面发展的社会主义建设者和接班人，落实立德树人根本任务。

（二）核心素养的性质

在性质上，核心素养是所有学生应具有的共同素养，是最关键、最必要的共同素养。每个人在终身发展中都需要许多素养，以应对生活的需要。在这些所有人都需要的共同素养当中，最关键、最必要且居于核心地位的素养就称为"核心素养"。核心素养代表了个体普遍应达到的共同必要素养，是每个个体都必须学会、必须获得的、不可或缺的素养。

（三）核心素养的内容

在内容上，核心素养是知识、技能和态度等的综合表现。"素养"一词的含义比"知识"和"技能"更加宽广。核心素养不仅仅是知识技能，更重要的是情感、态度、知识、技能的综合表现。这一超越知识和技能的内涵，可以矫正过去重知识、轻能力、忽略情感态度及价值观的教育偏失，能更加完善和系统地反映教育目标和素质教育理念。

（四）核心素养的功能

在功能上，核心素养同时具有个人价值和社会价值。"素养"一词的功能超出了"职业"和"学校"的范畴，核心素养的获得可以使学生更好地升学或进行未来的工作，但是素养的功能不仅仅包括升学和就业，素养的获得是为了使学生能够发展成更为健全的个体，能够更好地适应未来社会的发展变化，为终身学习、终身发展打下良好的基础，从而达到促进社会良好运行的目的。

（五）核心素养的培养

在培养上，核心素养是在先天遗传的基础上，综合后天环境的影响而获得的，可以通过接受教育来形成和发展。培养的过程侧重学生的自主探究和自我体验，更多地依靠学生自身在实践中进行摸索、积累和体悟，是个体认知与元认知建构的过程，是在外界引导下的自我发展、自我超越、自我升华的过程。

（六）核心素养的评价

在评价上，核心素养需结合定性与定量的测评指标进行综合评价。核心素养具有可教、可学的外显部分，同时也存在无声、无形但可感、可知的内隐部分。前者能够在特定的情境下通过一定的方式表现出来。因此能够有效地对其进行定量测评；而后者则偏向于一种潜移默化的隐性影响过程，需以定性、形成性评价的方式进行评估。因此，我们高度关注核心素养的形成过程，特别关注个体在此过程中的感受与体悟。

（七）核心素养的构架

在架构上，核心素养应兼顾个体与文化学习、社会参与和自我发展的关系。各国在核心素养选取时都涉及文化学习领域、个体自我发展领域和社会参与互动领域。这三大领域具有较大的普遍性与概括性，反映了个体与自我、社会和文化的关系。

（八）核心素养的发展

在发展上，核心素养具有终身发展性，也具有阶段性。核心素养是所有人都应该具备的素养，每个人都需要不断发展，但这不是一蹴而就的，而是具有终身的连续性，最初在学校中培养，随后在一生中不断发展完善。另外，核心素养发展的连续性并不否认其会表现出一定的阶段性特点。核心素养在个体不同人生阶段中的着重点有所不同，不同教育阶段（小学、初中、高中、大学等）对某些核心素养的培养也存在不同的敏感性，即一些核心素养在特定的教育阶段可能更容易取得良好的培养效果。

（九）核心素养的作用发挥

在作用发挥上，核心素养的作用发挥具有整合性。核心素养的整体特性不仅决定了其获得具有系统性，也决定了它们可以在实践应用中相互交叉与整合，共同发挥价值。这对于教育教学的启示是：核心素养的功能是整合性的，每个核心素养都具有独特的重要价值，不存在孰轻孰重的问题，需要基于情境进行整合性的作用发挥，不能单独地进行价值比较。

二、核心素养的要素

中国学生发展核心素养，以科学性、时代性和民族性为基本原则，以培养"全面发展的人"为核心，分为文化基础、自主发展、社会参与三个方面，综合表现为人文底蕴、科学精神、学会学习、健康生活、责任担当、实践创新六大素养，具体细化为国家认同等 18 个基本要点。

（一）文化基础 —— 人文底蕴

（1）人文积淀。重点是：具有古今中外人文领域基本知识和成果的积累；能理解和掌握人文思想中所蕴含的认识方法和实践方法；等等。

（2）人文情怀。重点是：具有以人为本的意识，尊重、维护人的尊严和价值；能关切人的生存、发展和幸福；等等。

（3）审美情趣。重点是：具有艺术知识、技能与方法的积累；能理解和尊重文化艺术的多样性，具有发现、感知、欣赏、评价美的意识和基本能力；具有健康的审美价值取向；具有艺术表达和创意表现的兴趣和意识，能在生活中拓展和升华美；等等。

（二）文化基础 —— 科学精神

（1）理性思维。重点是：崇尚真知，能理解和掌握基本的科学原理和方法；尊重事实和证据，有实证意识和严谨的求知态度；逻辑清晰，能运用科学的思维方式认识事物、解决问题、指导行为；等等。

（2）批判质疑。重点是：具有问题意识；能独立思考、独立判断；思维缜密，能多角度、辩证地分析问题，做出选择和决定；等等。

（3）勇于探究。重点是：具有好奇心和想象力；能不畏困难，有坚持不懈的探索精神；能大胆尝试，积极寻求有效的解决问题的方法；等等。

（三）自主发展 —— 学会学习

（1）乐学善学。重点是：能正确认识和理解学习的价值，具有积极的学习态度和浓厚的学习兴趣；能养成良好的学习习惯，掌握适合自身的学习方法；能自主学习，具有终身学习的意识和能力；等等。

（2）勤于反思。重点是：具有对自己的学习状态进行审视的意识和习惯，善于总结经验；能够根据不同情境和自身实际，选择或调整学习策略和方法；等等。

（3）信息意识。重点是：能自觉、有效地获取、评估、鉴别、使用信息；具有数字化生存能力，主动适应"互联网＋"等社会信息化发展趋势；具有网络伦理道德与信息安全意识；等等。

（四）自主发展 —— 健康生活

（1）珍爱生命。重点是：理解生命的意义和人生价值；具有安全意识与自我保护能力；掌握适合自身的运动方法和技能，养成健康文明的行为习惯和生活方式；等等。

（2）健全人格。重点是：具有积极的心理品质，自信自爱，坚韧乐观；有自制力，能调节和管理自己的情绪，具有抗挫折能力；等等。

（3）自我管理。重点是：能正确认识与评估自我；依据自身个性和潜质选择适合的发展方向；合理分配和使用时间与精力；具有达成目标的持续行动力；等等。

（五）社会参与 —— 责任担当

（1）社会责任。重点是：自尊自律，文明礼貌，诚信友善，宽和待人；孝亲敬长，有感恩之心；热心公益和志愿服务，敬业奉献，具有团队意识和互助精神；能主动作为，履职尽责，对自我和他人负责；能明辨是非，具有规则与法治意识，积极履行公民义务，理性行使公民权利；崇尚自由平等，能维护社会公平正义；热爱并尊重自然，具有绿色生活方式和可持续发展理念及行动等。

（2）国家认同。重点是：具有国家意识，了解国情历史，认同国民身份，能自觉捍卫国家主权、尊严和利益；具有文化自信，尊重中华民族的优秀文明成果，能传播并弘扬中华优秀传统文化和社会主义先进文化；了解中国共产党的历史和光荣传统，具有热爱党、拥护党的意识和行动；理解、接受并自觉践行社会主义核心价值观，树立中国特色社会主义共同理想，拥有为实现中华民族伟大复兴的中国梦而不懈奋斗的信念和行动。

（3）国际理解。重点是：具有全球意识和开放的心态，了解人类文明进程和世界发展动态；能尊重世界多元文化的多样性和差异性，积极参与跨文化交流；关注人类面临的全球性挑战，理解人类命运共同体的内涵与价值等。

（六）社会参与 —— 实践创新

（1）劳动意识。重点是：尊重劳动，具有积极的劳动态度和良好的劳动习惯；具有动手操作能力，掌握一定的劳动技能；在主动参加的家务劳动、生产劳动、公益活动和社会实践中，具有改进和创新劳动方式、提高劳动效率的意识；具有通过诚实合法劳动创造美好生活的意识和行动等。

（2）问题解决。重点是：善于发现和提出问题，有解决问题的兴趣和热情；能依据特定情境和具体条件，选择制订合理的解决方案；具有在复杂环境中行动的能力等。

（3）技术运用。重点是：理解技术与人类文明的有机联系，具有学习掌握技术的兴趣和意愿；具有工程思维，能将创意和方案转化为有形物品或对已有物品进行优化与改进等。

第二节　核心素养培育与德育活动课程实施

一、德育活动课程

德育属于塑造个性的教育范畴，在巩固和发展一定的社会制度，形成统一的社会规范、确立稳定的社会秩序等方面具有重要作用，与智育、美育、体育有着密切的联系，对受教育者各方面素质的发展具有导向和促进作用。

活动为意识能动性和个性能动性的高级形式。在德育过程中，活动是人的个性和思想品德赖以形成和得以表现的基础。其性质、内容、方式不同，对人的影响作用也不同。依其对象目标分类，有多种形式，对学生而言主要是学习、游戏、劳动等。在德育过程中，教育者需根据德育任务要求，加以组织活动，以保证学生思想方向的正确性。

由此可以得出，德育活动课程是相对于传统的以"说教"为主的学科课程提出来的，它是指寓德育于活动中，并通过活动来培养学生道德品质的一种课程形式。德育活动课程是培养学生自我教育能力、提高道德教育实效性的有力抓手。德育活动可以让学生认识自我、反思自我、内化道德认知和平衡自我，将道德观念外现于德行，并进行德行反馈，形成新的道德认知。这一过程构成了德育活动促进学生自我教育的内在机制。

二、核心素养与德育活动课程

学生发展核心素养，主要是指学生应具备的，能够适应终身发展和社会发展需要的必备品格和关键能力。核心素养是关于学生知识、技能、情感、态度、价值观等多方面要求的综合表现；是每一名学生获得美好生活、适应个人终身发展和社会发展都需要的、不可或缺的共同素养；其发展是一个持续终身的过程，可教可学，最初在家庭和学校中培养，随后在一生中不断完善。

中国学生发展核心素养以培养"全面发展的人"为核心，分为文化基础、自主发展、社会参与三个方面，综合表现为人文底蕴、科学精神、学会学习、健康生活、责任担当、实践创新六大素养。各素养之间相互联系、互相补充、相互促进，在不同情境中整体发挥作用。

（一）核心素养对学校德育的意义

当前越来越多的学校德育工作将核心素养作为其重点。要回答学生核心素养与学校德育到底有什么样的关系，首先要搞清楚素质教育与核心素养的区别与联系。素质教育提倡"德、智、体、美、劳"五育并举，学校德育居于首位，作为其灵魂，学校德育旨在促进学生品德和谐发展。而"素质"和"素养"也存在区别与联系。素质和素养从某个方面来讲可以等同，都是指人在后天环境中习得的稳定的特质。但是，二者的单位结构不同。例如，核心素养中的每一种素养的养成都涉及不同的素质。从这个角度来看，素质包含于素养。因此，学生核心素养的提出不是对素质教育的推翻，而是立足"全面发展的人"，以品德的全面发展为"灵魂"。

2014 年，教育部印发的《教育部关于全面深化课程改革 落实立德树人根本任务的意见》，提出发展学生核心素养体系，并且以此修订课程方案和课程标准。此外，《中小学德育工作指南》中，中小学德育总体目标也提到促进学生核心素养的提升和全面发展。因此，学校在开发德育活动课程的过程中，核心素养是对"培养什么样的人"的进一步追问，给我们思考当前的课程目标提供一个概念性的工具。而德育活动课程是中介，是载体，可培养学生的每一项具体的素养。以素养为导向进行德育活动课程建设，就是以核心素养为课程的价值取向，可以改变"三维目标"的分裂状态。这表明对德育活动课程的整合是必然的选择。因为核心素养本身是关于知识、能力和态度的综合体，与课程整合的内在特质相契合。反过来，德育活动课程的整合，为核心素养的有效转化提供了可靠的路径。核心素养既是德育活动课程整合的目的，又是德育活动课程整合的手段。

（二）核心素养对德育活动课程的意义

如何培养和提升学生在未来社会的生存能力和竞争力，成为 21 世纪的重点话题。专家们和社会各界普遍认同核心素养是代表社会中所有个体成员应普遍达到的共同层次，是每一个人完成自我实现，成为主动积极发展的个体，参与社会沟通与互动所需要的重要素养，也是个体获得个人幸福、成功生活与社会健全发展所需具备的核心的、关键的、必要的、重要的素养。

因此，基于"学生发展核心素养"来建构德育活动课程体系，很好地解决了德育用什么来育、如何育的问题。在基于"学生发展核心素养"的体系上系统地思考德育用什么来育、如何育的问题，就是以核心素养为基点来系统思考的坐标点或者参照系来统领活动课程。没有系统构建的德育活动课程目标、内容、实施途径及评价，德育活动的全面育人就很难真正实现。

核心素养既是德育活动课程整合的目的，又是德育活动课程整合的手段。因为核心素养本身是关于知识、能力和态度的综合体，与课程整合的内在特质相契合。反过来，德育活动课程的整合，为核心素养的有效转化提供了可靠的路径。核心素养的获得是后天的，是可教可学的，具有发展连续性，也存在发展阶段的敏感性。核心素养是最基础、最具生长性的关键素养，就像房屋的地基，它决定房屋的高度。核心素养的形成具有关键期的特点，错过了关键期就很难弥补。因此，将德育活动课程和学生核心素养的培育整合起来，尽管各自指标的内涵不同，发挥着不同作用，但彼此的作用并非孤立，在实践中可表现出一定的协同性。

（三）核心素养的道德意蕴

1. 关于核心素养的道德意蕴

在全球化时代，核心素养成了当今世界教育实践与理论研究的热点。华东师范大学高德胜在《追求更有道德意蕴的核心素养》一文中对此进行了全面的分析和论述。高德胜通过五点来论述核心素养中的道德意蕴。第一，"学生发展核心素养"中的"必备品格"，既突出了核心素养体系的道德构成性，又给予能力要素以道德限定。"必备品格"为"关键能力"限定了价值方向。第二，"学生发展核心素养"以学生的全面发展为核心，指向培养全面发展的人。全面发展的人不但是品德良好的人，而且其他方面的发展也是以品德为价值指引的。以"全面发展的人"为核心的另一个意义在于，"核心素养"是对"全面发展的人"的具体描述，即"核心素养"是对学生发展的理想状态的描述。第三，"学生发展核心素养"的三个维度，即文化基础、自主发展、社会参与。"文化基础"即一个人所应拥有的基本文化素养。第四，"学生发展核心素养"的六个二级指标道德意蕴浓厚，其中"人文底蕴""科学精神""健康生活""责任担当"四个指标都是或基本上是有道德性要求的。第五，学生发展核心素养18个三级指标中的基本要点，超过半数是道德性、价值性要求，那些不是道德性、价值性要求的指标也有价值导向。比如，在"实践创新"二级指标下的"劳动意识"虽然不是道德性要求，但在具体表述时，却有劳动态度、尊重劳动等价值导向。通过这五点论述，我们可以知道，学生发展核心素养体系的构成充满道德性。核心素养的三方面、六要素中的18个基点基本对学生含有道德性的要求，处处体现道德意蕴，重视学生的道德行为和道德素养。

2. 道德意蕴对学生的要求

"学生发展核心素养"是从人的全面发展需要出发，是解决作为一个全面发展的人所应达到的人格状态。在"学生发展核心素养"的社会参与方面，重在强调能处理好自我与社会的关系，养成现代公民所必须遵守和履行的道德准则和行为规范，增强社会责任感，提升创新精神和实践能力，促进个人价值实现，推动社会发展进步，使之发展成为有理想信念、敢于担当的人。"社会参与"下的"责任担当"要素的"社会责任"中，希望学生可以做到自尊自律，文明礼貌，诚信友善，宽和待人，孝亲敬长，有感恩之心；对社会热心公益和志愿服务，敬业奉献，具有团队意识和互助精神；能主动作为，履职尽责，对自我和他人负责；能明辨是非，具有规则与法治意识，积极履行公民义务，理性行使公民权利；崇尚自由平等，能维护社会公平正义；等等。以上充分体现出学生发展核心素养中蕴含的道德要求。

总之，"学生发展核心素养"重视学生品格的形成和人格的养成，处处彰显德育的重要作用。将道德纳入核心素养体系之中，充分体现学生道德修养是人的全面发展的重中之重。

三、德育活动课程设计的理念

基于"学生发展核心素养"来重新定位学校德育活动，是与学校德育活动实际和时代精神相结合的，是为培养学生形成良好的品德，为个人生活幸福和终身发展奠定坚实的理论基础。例如，成都市盐道街中学根据学校自身"整合"德育的理念及"学生发展核心素养"的道德要求，来重新设计、界定学校德育实践活动。

（一）德育活动课程目标

在德育活动课程目标上，确定学校德育活动课程目标需要结合学生发展的核心素养，确保学生在文化基础、自主发展、社会参与三大方面获得全面发展，同时能在适合学生自己的个性和优势的方面实现深度发展。值得注意的是，在构建德育活动课程目标和核心素养联系时，我们需要避免将德育活动课程仅与几个核心素养机械对应。例如，在组织"态度决定一切"这一班级活动时，我们不仅要让学生意识到对待任何事情端正态度的重要性，要勤于反思，具备自我管理的意识，也应该注意培养学生在遇到问题和解决问题时，要有创新实践的意识和能力。因此，我们在组织德育活动课程时，要具有使学生的能力全面发展的观念。学校也应该根据自身的办学宗旨和育人理念，结合"学生发展核心素养"的道德要求，提出具有特色性的德育实践活动目标。

（二）德育活动课程内容结构

在德育活动课程内容结构上，学校要将核心素养的内容结构与德育活动课程内容结构相结合，在德育活动的各个环节中要充分体现学生发展核心素养的价值与意义。德育活动课程结构的目标体系要与学生核心发展素养相匹配，要对学生的德育认知水平和德育活动的发展方向进行校本化改造。例如，根据"整合育人"理念，来构建"整合"德育活动课程内容。我们要充分调研学生的需求，使德育活动课程的内容与核心素养有机融合。这样，德育活动课程的逻辑体系就能在基于学生发展核心素养的基础上，与本校学生的道德认知水平之间达到完美和谐的统一。

（三）德育活动课程实施

在德育活动课程实施上，学校德育活动课程管理和教师的专业发展是课程实施质量的重要保证。有效的课程实施离不开学校对德育活动课程的管理、监督和支持。学校应有系统且完整的活动课程实施管理制度。比如，学校组织成立课程委员会，由学校领导、教师、学生代表和家长等人员共同组成。他们负责德育活动课程方案的设计、评估课程活动的编制，实施的程序要求和质量要求等。学生核心素养的发展在很大程度上依赖教师的教育工作，教师是学生成长的引路人。教师的专业发展对德育活动课程的实施具有重要作用。比如，需要教师改变原有的德育概念，要求教师整合德育活动教学方法，学校及社会力量的利用也应进行创新等。基于学生在核心素养的德育活动课程实施中会有更大的自主权，我们在活动中应更加注重学生的参与性与创造性，更加关注学生道德认知水平和道德情感的提升。

（四）德育活动课程评价

在德育活动课程评价上，学校除了要对学生道德素养进行评价，还应对德育活动课程本身是否有利于促进学生道德素养的养成进行评价。在评价对象上，要采取教师评价、学生互评与家长评价相结合的方式。在评价手段上，由量化评价转向更加注重质性评价，要更加注重学生的参与度、体验感以及个人品质的形成。学生在道德实践过程中，要更加注重其在参与德育活动课程的过程中形成的道德认识、具备的道德品质、养成的道德习惯，以及丰富的道德情感体验。在评价课程上，要从德育活动课程的目标、结构、课程的实施，以及学生对德育活动课程的感受等方面进行评价。

由于核心素养的广泛性，对学校教育功能和时间的有限性而言，是有必要予以强调的。从基础教育的角度讲，核心素养就是基础的、有生长性的关键素质。其他素养都建立在其之上，或者说是从其中生长出来、延伸出来、拓展出来的。就德育活动课程而言，核心素养的内涵包括核心知识、核心能力、核心品质，但不是它们的简单相加，而是从德育活动课程目标定位和教学活动素养的高度来进行的。

因此，从学校教育来说，一方面，我们要从学校整体教育的宏观视角来界定和确认学生应具备的核心素养及其内涵；另一方面，也要从具体学科的角度来评估和确立各学科的核心素养。两者要保持有机联系和衔接，既要把普适性的核心素养落实到具体的学科素养当中，也要把学科素养提炼到一般素养中去。

第二章 基于核心素养的中学德育活动课程目标体系

本章讨论了育人目标从"三位一体"到核心素养的转变，探讨了核心素养与中学德育目标的校本化，如何更好地实现全面育人，最终确立以核心素养的目标价值体系作为中学德育活动课程的目标体系。确立德育活动课程的目标价值体系，有助于将学校资源与核心素养培育相结合，选择学校特色的德育活动内容，有效整合各种资源，融合共生，有组织、有计划地构思出活动思路、方案等，并付诸实施，让核心素养落地生根，让课堂更精彩。

第一节 德育活动课程目标：从"三位一体"到核心素养

一、"三位一体"的含义

"三位一体"有多种含义。

其一是指"综合评价招生"中的一种模式，是部分省份在全国率先启动的高校招生改革重要举措，是高考综合改革试点方案规定的四种选拔模式之一。如浙江省实行的是"三位一体"制：高中学考分折合＋高考分折合＋高校校测。即浙江省内高校拿出一定比例的招生名额，对浙江高考考生实行的将学业水平考试成绩、高考成绩和学校综合测试成绩三种成绩加和，并按一定比例计算出综合成绩后，择优录取考生的一种录取形式。这是一种将学业水平测试、综合素质评价和高考三方面评价要素融为一体的多元化招生考试评价体系。

其二是指教学（课程）目标体系。教育部印发的《基础教育课程改革纲要（试行）》（以下简称《纲要》）将"课程标准"作为我们国家课程的纲领性文件。其中，提出关于基础教育课程的基本规范和质量要求，即"应体现国家对不同阶段的学生在知识与技能、过程与方法、情感态度与价值观等方面的基本要求"。"三位一体"的确立依据主要从党和国家政策、新课程改革、课程教学和学生成长四个方面论述，并强调价值、能力和知识三者之间是相互统一、不可分割的整体。《纲要》提出"三位一体"的课程目标，旨在"改变课程过于注重知识传授的倾向，强调形成积极主动的学习态度，使获得基础知识与基本技能的过程同时成为学会学习和形成正确价值观的过程"。

"三位一体"课程目标的价值取向是促进学生的全面发展。全面发展的主要意义是培养面向世界、面向未来、面向现代化的学生。学生全面发展可以更好地建设社会主义现代化，促进社会的发展，推动科学的强力发展。中华文明有着几千年生生不息的历史，这与我国不断发展的教育有着深刻的内在关联。学生应在"三位一体"课程目标的引导下发现、理解并欣赏我国的民族文化，将自己融入博大精深的中华文明体系中，成为具有爱国情感和正确价值观的现代文明人。但这绝不是无系统的片段式的教育可以达到的效果，所以我们应坚持全面而系统地引导学生的学习。

其三是指两种德育模式。比如，上海开元学校提出的"学校 - 家庭 - 社区""三位一体"德育模式，是把德育从学校延伸到家庭与社区的一种德育工作模式，更多的是指"家庭 - 学校 - 社会"的德育模式。道德教育是一项系统性的工程，而家庭、学校以及社会是道德教育系统的三个子系统，这三者之间存在一定的联系，相互促进、相互制约。三者之间虽然相互有联系，但是也有各自的长处，为了使三者的作用与效益得到最大程度的体现，必须将三者进行有机结合，形成一股合力，建立三位一体的道德教育模式。这种教育模式能够促进青少年道德思想的进步与提升。

本书涉及的是课程及教学评价的目标体系，并以此体系来指导德育活动课程及教学评价。本书的"三位一体"主要是指对课程目标体系维度的理解。从"三位一体"到核心素养是符合时代发展对学生提出的要求的。

二、"三位一体"与核心素养的联系与区别

一是继承与发展。核心素养本身是知识、能力、态度的综合体，将传统"三位一体"目标体系整合到一起并融入符合时代发展的新内容。核心素养本身的维度是延续了"三位一体"课程目标，只是将其作更细致的划分，例如，将"知识与技能"细分为"劳动技能""信息搜索技能""解决问题的能力"等，将"过程与方法"细分为"人文积淀""探究方法""信息处理"等，将"情感

态度与价值观"细分为"理解生命的意义""具有安全意识""有感恩之心"等。以核心素养作为德育课程目标是在过去以"三位一体"作为课程目标基础上的进一步提升，更细致的目标能在实际操作过程中更具有指导意义。

二是操作的易行性。"三位一体"的课程目标在评价上比较宏观；核心素养课程目标在评价上处于中观和微观，其与"三位一体"课程目标的区别在于它的要求在目标上更有针对性和操作性，特别是对一些微主题教育、班级主题教育的活动来说，可以将教育内容细致化，教育更聚焦和更具针对性。对于学校而言，更容易制订细致的方案与计划，也更容易进行评价操作，及时做出回馈，引导学生调整。

三、从"三位一体"到核心素养的变化

我国从 2001 年起实施的基础教育课程改革，一直重视学生态度与价值观教育。知识与技能、过程与方法、情感态度价值观的三维目标观，全面体现在各学科课程标准和教学、评价等各个方面。教育部文件中明确要求把培育和践行社会主义核心价值观融入国民教育全过程，倡导富强、民主、文明、和谐，倡导自由、平等、公正、法治，倡导爱国、敬业、诚信、友善。教育部还在组织研究提出各学段学生发展的核心素养体系，明确学生应具备的适应终身发展和社会发展需要的必备品格和关键能力，突出强调个人修养、社会关爱、家国情怀，更加注重自主发展、合作参与、创新实践。学生的核心素养是涉及学生知识、技能、情感态度、价值观等多方面能力的要求，是个体能够适应未来社会、促进终身学习、实现全面发展的基本保障。

学生发展核心素养需要与现行的教育教学实践相结合。学生核心素养模型的建立归根究底是促进教育模式的转型，从过去重视教学中学科知识体系的科学性和完备性，转向重视学生核心能力和素养的生成；从过去重视学生知识结构而忽视学生能力培养向促进学生能力提升和全面发展上靠拢。

第二节　基于核心素养的中学德育目标校本化

一、追根溯源深入理解校本化

无论课程改革如何推进，立德树人始终应作为教育的根本任务。但是，当

今德育（活动部分）的总要求过于宽泛和抽象，没有统一的教材，没有可以量化的标准，也没有严格的课程、课表设置，导致德育工作者难以落实，无从下手，学生的德育活动落实也参差不齐。在这样的情况下，校本化就显得尤为重要，它有利于指导中学一线教师有的放矢地进行德育课程开发，更能因地、因时灵活进行德育教育，让德育教育更加高效。

校本化是指在坚持国家课程改革纲要基本精神的前提下，各学校根据自身性质、特点和条件，将国家层面上规划和设计的面向全国所有学生的书面的、计划的学习经验转变为适合本校学生学习需求的创造性实践经验，其中，包括教材的校本化处理、学校本位的课程调整、教学方法的综合运用和个性化加工及差异性的学生评价等多样化的行动策略。德育校本化必须落实立德树人根本任务，在此基础上，再进一步深入挖掘老师的德育创造力、学生的学习接受能力、学校的资源配置、社会的协助力。核心素养与中学德育目标的校本化是指将核心素养与中学德育目标有机、科学地结合起来，探索、研究出一种整合学校资源、具有可操作性，落到实处的德育活动课程。

二、聚焦核心素养仍需校本化

（一）核心素养与德育目标同频共振

"中国学生发展核心素养"研究成果将中国学生发展核心素养分为文化基础、自主发展、社会参与三个方面，综合表现为人文底蕴、科学精神、学会学习、健康生活、责任担当、实践创新六大素养，具体细化为国家认同等18个基本要点。各素养之间相互联系、互相补充、相互促进，在不同情境中整体发挥作用。核心素养在新时代背景下与社会主义核心价值观相呼应，符合中国现阶段国情的具体要求；也是培养社会主义人才的行动指南，培养德智体美劳全面发展的社会主义建设者和接班人的行动指南，它使国家、社会、公民三者完美地结合起来。但是培育学生全面发展，很难做到面面俱到，仅靠学校、教师很难完成这个宏大的任务，所以需要整合学校资源，协调完成。

中学德育目标包括思想、政治、道德品质、个性心理素质和能力等方面。我国中学阶段的教育，目的是使学生达到以下目标：热爱祖国，拥护党在社会主义阶段的基本路线；初步树立为人民服务的思想和为实现社会主义现代化而奋斗的志向；具有良好的道德品质和文明行为；具有诚实正直、自尊自强、勤劳勇敢、开拓进取等品质和一定的道德判断能力及自我教育能力，成为有思想、有道德、有文化、有纪律的社会主义公民。即传统中学德育目标提出要对学生的思想政治、道德品质、独特能力方面加强引导，使中学德育落实到培养社会主义合格公民的目标上来。笔者经过细细探究，发现核心素养与中学德育目标二者的育人目标是一样的，它们都强调学生的品格、能力、发展以及社会责任感。时代在发展，将结合时代发展提炼的核心素养融入德育目标中，更具有指导意义，也能使德育根基更加稳固，根基稳固，方能枝繁叶茂，孕育累累硕果。

（二）与时俱进校本化方显真本色

社会发展日新月异，社会对于人才的要求也在不断变化。各中学要善于紧跟时代脉搏，为自身发展注入新的生机。可以学生发展核心素养为基础，结合学校长久探索总结的厚重的德育文化沉淀与青少年发展规律，构建具有特色的德育课程体系，让德育课程在中学生根落地，发芽开花，使德育目标在潜移默化中点滴实现。将核心素养与中学德育目标有机结合，科学性的核心素养与丰富的德育案例互相结合，让德育教育大放异彩。

三、紧扣素养内化，校本化让德育充满生机

"校本德育资源"是指鲜明地带有学校烙印的原生态德育资源，是个性独特的特色化德育资源。空间维度上，它包含校园中的物态资源和精神资源；时间维度上，它包含属于学校的过去的、现在的、未来的德育资源；内容维度上，它涵盖校园生活中人文的和自然的、显性的和隐性的德育资源。相对于非校本的德育资源，校本德育资源更具真实性、切近性和亲和性。如此丰富的校本德育资源，与学生朝夕相处，共同成长，有效合理地利用校本德育资源，将达到润物无声的教育效果。校园中的一草一木，一花一虫；老师的一言一行，一颦一笑；走廊的一画一字，一砖一瓦都是灵活、生动、可感的德育资源。

四、校本化实施助力开花结果

近年来，在核心素养思想指导下，中学的德育工作把一系列活动有机融合，内化成校本课程，成为可供学校、老师操作，具有实践经验的校本课程。每一个教育人都应有"让每一粒种子都发芽、开花、结果"的理念。真正做到守候每一粒种子，为其提供发展的土壤。随着校本课程开发、实施的不断推进，学

校在德育工作推进方面取得了一系列巨大成效。

一是育人育心效果强。德育课程效果显著，提高了学生的综合素质，促进了学生良好行为习惯的养成。通过"艺术节""体育节"等活动，每个学生都能经历、体验成长的愉悦。这些活动能充分调动学生的主观能动性，促进其德、智、体、美、劳全面发展。

二是教师观念更新快。通过对核心素养基本理论的学习研究，教师们更新了教育观念，认识到新时代背景下校本课程开发的重要性，进一步明确核心素养在推进德育教育中的作用，为学校不断开发和完善德育课程体系奠定了基础。

三是校本课程操作强。在核心素养思想指导下对德育活动的科学性、系统性进行分类，学校更加有针对性地设立符合时代、社会、国家要求的活动，构建了中学特色德育课程体系，并初步形成了德育专题化、专题活动化、活动序列化的态势，逐步摸索出具有中学校本特色的德育课程。

第三章　基于核心素养的中学德育活动课程内容体系

第一节　基于核心素养的中学德育活动课程内容体系的构建思路

构建思路主要围绕"三个维度"展开，具体分为"三个类别"梳理，总体遵循"三个原则"进行。

一、中学德育活动课程内容体系的三个维度

中学德育活动课程内容体系按照空间、时间、素养三个维度，形成了相应维度的德育活动课程序列。

（一）基于核心素养的德育活动课程空间序列

所谓空间，即活动开展涉及的空间范围，即涉及人员的数量，在中学往往取决于活动组织者。班主任主要组织的是班级的活动，年级负责人组织的是年级的活动，学校（教育处或德育处）的德育负责人组织的是校级的活动。以班级、年级、学校三级空间及组织者为中心，按照"学段—学期—学月"的时间序列，对初中到高中共六个年级的课程进行规划。

（二）基于核心素养的德育活动课程时间序列

所谓时间，即活动开展以时间为中心，先进行学段、学期和学月的序列化，再按照班、级、校的顺序对德育活动课程进行序列化，六个年级的课程可以全览。

（三）以素养为主的德育活动课程序列

以素养为主的德育活动课程序列即先按照素养进行序列化，再按照学段、学期、学月整合。

二、中学德育活动课程内容体系的三个类别

关于德育活动课程，综合时长、对象、场地、组织者进行全方位考虑，笔者所在团队总结出三个分类参考标准：微型活动课程、班级主题活动课程、综合实践活动课程。

三、中学德育活动课程内容体系的三个基本原则

现代中学德育应着力"三化"研究：一是德育活动化，通过自主活动来生动育人，解决德育认知与认同协调发展的问题；二是活动课程化，通过活动课程来整合育人，解决学生品德素养发展不全面问题；三是课程素养化，通过活动课程来立德树人，解决德育灵魂问题。

（一）德育活动化

学生的核心素养要通过开展丰富的德育活动来培育。法国教育家卢梭说："真正的教育不是口头训练，也不是讲道，而是实践。"德育活动是让学生在活动中体验、感受、反思和成长，将德育认知在活动中体验、印证、认同并最终践行。在这一理念的指导下，多所中学开展了丰富的德育活动，以提升学生的思想素质。学校德育活动主要分为以下三类。

1. 定期活动

每周一的升旗仪式和每周的班会活动都是定期活动。每周一的升旗仪式和国旗下讲话是培养学生爱国、爱校情感的重要教育活动；每周的班会课是学校德育活动的另一个主阵地，班主任通过它对学生进行思想和行为的主题教育。

2. 节日活动

节日活动包括元旦庆祝活动、清明祭奠活动、五四青年节教育活动、六一儿童节活动、端午节追思活动、教师节感恩活动、中秋节团圆活动、国庆节爱国主义教育活动等，还有母亲节、父亲节、重阳节等感恩长辈活动。这些活动的积极开展对塑造学生的道德品质、思想教育、言行举止方面起着相当重要的作用。

3. 有针对性的教育活动

学校除了定期活动和节日活动外，还积极开展有针对性的教育活动。例如，邀请专家进行消防、心理、励志、成长方面的专题教育活动；每个年级在半期以及期末都会有形式不一的表彰大会，激励学生不懈努力，砥砺前进；在毕业

班的紧张学习中，还积极开展励志团建活动，给毕业班同学加油鼓劲。

（二）活动课程化

发展核心素养要从健康生活、责任担当、实践创新三个维度和社会责任、国家意识、国际理解、珍爱生命、健全人格、自我管理、劳动意识、问题解决八大板块中寻找，选择有针对性的德育活动主题，解决德育活动课程的核心素养落脚点，梳理德育活动课程中体现核心素养的德育目标。多所中学以"学生发展核心素养"为"德育活动课程研究"核心价值，切合立德树人的教育根本任务，在人才培育观、人才发展观上具有前瞻意识，学校的研究成果及实践效果可丰富本地区甚至国内中学德育研究相关领域的研究成果。

（三）课程素养化

课程作为学校育人的载体，也是学校的"产品"，其质量决定着学校育人的质量。任何一所学校首先要确定的是"培养什么样的人"的办学宗旨，而课程设置解决的是"用什么方式培养人"的问题。

学生发展核心素养，主要指学生应具备的，能够适应终身发展和社会发展需要的必备品格和关键能力。研究学生发展核心素养是落实立德树人根本任务的一项重要举措，也是适应世界教育改革发展趋势、提升我国教育国际竞争力的迫切需要。

核心素养需贯穿到课程改革中，要聚焦核心素养，就必须深入推进课程改革。课程素养化就是基于学生发展核心素养的要求，以课程改革为基础，以立德树人为导向，整体建构可校本化实施的学校课程。课程素养化需要我们构建传统课程、主题教育课程、综合实践课程、社团选修课程的多元化课堂，让学生获得发展所需的知识、技能和必需的素养。

第二节 基于核心素养的中学德育活动课程内容体系的构建策略

一、新时代中学德育的内容体系

（一）德育的含义

广义的德育指所有有目的、有计划地对社会成员在政治、思想与道德等方面施加影响的活动，包括社会德育、社区德育、学校德育和家庭德育等方面。

狭义的德育专指学校德育。学校德育是指教育者按照一定的社会或阶级要求，有目的、有计划、有系统地对受教育者进行思想、政治和道德等方面的引导。这一过程旨在通过受教育者的主动认识、体验与践行，培养其形成一定社会与阶级所需的品德的教育活动，即教育者有目的地培养受教育者品德的教育活动。

本书中的中学德育，主要指各中学依据国家的《中学德育大纲》，结合本校学生实际，利用本校资源，有目的、有计划、有系统地在学校范围内以各种方式对中学生的思想、政治和道德等进行教育，并通过中学生的积极认识、体验与践行，使学生形成社会主义新时代要求的高尚品德和良好习惯的教育活动。

（二）德育总目标

教育部于 2017 年印发的《中小学德育工作指南》明确提出中小学德育的总体目标是：培养学生爱党爱国爱人民，增强国家意识和社会责任意识，教育学生理解、认同和拥护国家政治制度，了解中华优秀传统文化和革命文化、社会主义先进文化，增强中国特色社会主义道路自信、理论自信、制度自信、文化自信，引导学生准确理解和把握社会主义核心价值观的深刻内涵和实践要求，养成良好政治素质、道德品质、法治意识和行为习惯，形成积极健康的人格和良好心理品质，促进学生核心素养提升和全面发展，为学生一生成长奠定坚实的思想基础。

按照小学低年级、小学中高年级、初中学段、高中学段四个阶段，《中小学生德育工作指南》提出了分层次的德育目标。其中，初中学段的德育目标为：教育和引导学生热爱中国共产党、热爱祖国、热爱人民，认同中华文化，继承革命传统，弘扬民族精神；理解基本的社会规范和道德规范，树立规则意识、法治观念，培养公民意识；掌握促进身心健康发展的途径和方法；养成热爱劳动、自主自立、意志坚强的生活态度；形成尊重他人、乐于助人、善于合作、勇于创新等良好品质。

（三）德育内容

围绕德育目标，《中小学德育工作指南》提出中小学德育的五项主要内容：理想信念教育、社会主义核心价值观教育、中华优秀传统文化教育、生态文明教育和心理健康教育。

1. 理想信念教育

开展马克思列宁主义、毛泽东思想以及中国特色社会主义理论体系的学习教育活动，引导学生深入学习习近平总书记系列重要讲话精神，领会党中央在治国理政方面提出的新理念、新思想、新战略。同时，加强中国历史教育，特别是近现代史教育、革命文化教育、中国特色社会主义宣传教育、中国梦主题宣传教育、时事政策教育。引导学生深入了解中国革命史、中国共产党史、改革开放史和社会主义发展史，继承革命先辈的优良传统，传承红色基因，深刻领会实现中华民族伟大复兴是中华民族近代以来最伟大的梦想。培养学生对党的政治认同、情感认同、价值认同，坚定其为共产主义远大理想和中国特色社会主义共同理想而奋斗的信念和信心。

2. 社会主义核心价值观教育

把社会主义核心价值观融入国民教育全过程，落实到中小学教育教学和管理服务各环节，深入开展爱国主义教育、国情教育、国家安全教育、民族团结教育、法治教育、诚信教育、文明礼仪教育等，引导学生牢牢把握富强、民主、文明、和谐作为国家层面的这一价值目标，深刻理解自由、平等、公正、法治作为社会层面的价值取向，自觉遵守爱国、敬业、诚信、友善作为公民层面的价值准则，将社会主义核心价值观内化于心、外化于行。

3. 中华优秀传统文化教育

开展家国情怀教育、社会关爱教育和人格修养教育，传承中华优秀传统文化，大力弘扬核心思想理念、中华传统美德、中华人文精神，引导学生了解中华优秀传统文化的历史渊源、发展脉络、精神内涵，增强文化自觉和文化自信。

4. 生态文明教育

加强节约教育和环境保护教育，开展大气、土地、水、粮食等资源的基本国情教育，帮助学生了解祖国的大好河山和地理地貌，开展节粮、节水、节电教育活动，推动实行垃圾分类，倡导绿色消费，引导学生树立尊重自然、顺应自然、保护自然的发展理念，养成勤俭节约、低碳环保、自觉劳动的生活习惯，形成健康文明的生活方式。

5. 心理健康教育

开展认识自我、尊重生命、学习技巧、人际交往、情绪调适、升学择业、人生规划以及适应社会生活等方面教育活动，引导学生增强心理调控、自我管理、挫折应对、环境适应的能力，培养学生健全的人格、积极的心态和良好的个性心理特质。

这几个方面不仅在学生品德素质的养成上各有侧重，而且在实施中也各有特色、不尽相同。从这个意义上说，核心价值观班级化在实施上如何开展，关键在于把握与尊重价值观教育的特点与要求，以此来确立核心价值观教育的路径与方法。

二、构建核心素养的中学德育活动课程内容体系

（一）构建的必要性

目前德育在中学教育中有着重要的地位，学校花在德育上的总时间是不少的，但效果还不够令人满意，因为它还存在一些须解决的问题。中学德育课程，从知识分类角度，分为认知性德育课程和活动性德育课程。目前，中学认知性德育课程，有课程标准，并且列入课表，评价也相对完备；而活动性德育课程，因校制宜，千校千面，导致课程化程度不高，内容比较零散，不成体系。所以须解决德育活动课程内容整合问题，课程目标体系下需要有具体课程内容支撑，才能建立完善的德育活动课程体系。

学科课程有课程标准，包含目标、内容、实施和评价。中学有相应的德育课程，如初中的"道德与法治"、高中的"思想政治"，这些内容都属于德育内涵范畴，但是德育概念外延远远大于它。德育活动课程的丰富性、无边际性，很容易导致一些学校的德育活动课程不成体系，且是否全覆盖不明晰。因此，需要将众多的德育活动课程用一个目标体系来统领整合。

（二）构建的可行性

核心素养以培养"全面发展的人"为核心，分为文化基础、自主发展、社会参与三个方面，综合表现为人文底蕴、科学精神、学会学习、健康生活、责任担当、实践创新六大素养，具体细化为国家认同等 18 个基本要点，并且为方便实践应用，还对其主要表现进行了描述。因而核心素养可以非常明确地指导德育活动课程内容的具体开发、建设与实施。

德育活动课程的开发、建设、实施，以中国学生发展核心素养为目标，以丰富的德育体验活动为基础，以深刻的德育活动反思为重点。根据核心素养针对学生年龄特点提出对各学段学生的具体要求，形成基于核心素养的班级、年级、校级三级活动课程，微型活动课程，综合实践活动课程三大类型课程，涵盖初高中六个学段，囊括了活动空间与范围、学段与时间、核心素养三个维度。

（三）核心素养的中学德育活动课程内容体系

根据核心素养这一目标体系，中学德育活动课程内容体系分为结合学生需求的非学科的德育活动课程和结合学科教育需求的学科协同育人课程两大方面。在德育活动课程中，中学整合学校与家庭的教育，并结合班级学生需求的班级活动课程、年级学生阶段需求的年级活动课程，以及学校学生共同需求的校级活动课程三个层面，形成了活动空间与范围、学段与时间、核心素养三个维度的序列德育活动课程内容体系。

1. 微型活动课程

这类课程的时长一般在 20 分钟以内（如午间 10 分钟），一般具备短小、凝练、德育主题指向单一且明确的特点，对象可以是班级学生、年级学生，也可以是全体学生，地点多为教室或操场，时间多为大课间或午间。

2. 班级主题活动课程

这类课程时长一般为 40 分钟（1 课时），一般以主题班会的形式出现，对象多为一个班级，地点多为教室，时间多为每周固定的班会课时间。

3. 综合实践活动课程

这类课程时长一般大于 40 分钟，多为年级主题德育活动或校级主题德育活动，对象多为年级或全校学生，地点一般不固定，时间多为重要节日（如元旦、学雷锋纪念日、妇女节、植树节、清明节、劳动节、青年节、端午节等）、每学期或学年的重要节点（如开学、期中、期末等）。

第四章　基于核心素养的中学德育活动
课程评价体系

　　德育活动课程评价包括学生品德测评和学校德育活动工作评价两个部分。本章对基于综合素质的学生品德评价和基于核心素养的学生品德评价，做了基本的阐释与比较；同时，提出了将活动课程以学生的"个人写实"记录为切入点纳入学生评价，落脚于学生的实际获得。在评价主体上，选择合适的评价主体，形成评价育人合力；在评价方式上，以理清思维方式为起点，以科学的证据为依据，以学校的教学和德育活动课程为载体。

　　本章重点是对中学德育活动课程自身的评价，建立了从目标、内容、实施到效果反馈的评价体系，侧重点在"效果反馈"，引导学校根据核心素养建立活动课程体系，并依据课程要求评价课程，从而更好地开展德育活动课程，取得更好的德育效果，助力学生成长。

第一节　构建基于核心素养的中学德育活动课程评价指标体系

一、构建完善的德育活动课程评价操作框架

　　构建完善的德育活动教学评价操作框架，应基于发展的角度来培养学生的核心素养，给予学生更加多元化的评价，具体体现为在实际的德育活动当中，我们要从多种维度对学生进行评价。一方面，这种评价应该贯穿于整个学习和活动的过程中，包括课前、课中和课后（或者活动前、活动过程中、活动后）这三个基本的时间维度。另一方面，评价主体和形式应多元化，也就是说，不仅要有教师给学生的评价，同学们也要学会相互评价和自我评价，同时评价也可以来源于家庭、社会等。家庭和社会的评价可以通过同学们建立的班级群完成，微信、QQ、电子资料收集册、民主测评表等形式都是非常有效的评价形式，而家长和学校之间的联系也可以通过家校联系簿来完成。

二、确定德育活动课程多元化的评价维度

（一）目标 —— 核心素养

课程目标是课程学习的基本目的。一般课程目标包括知识与技能、过程与方法、情感态度与价值观，它们分别强调学生对课程的基本知识和基本技能的掌握，注重学生在学习过程中对学习方法的熟悉和掌握，强调通过课程的学习对学生的情感、态度和价值观进行引导。核心素养是在新时代背景下提出的课程目标要求，它强调的是通过课程学习使学生具备终身学习的观念和社会发展需要的必备能力。将德育活动课程评价作为核心素养的指标之一，将会更加强调德育对学生核心素养的培养和构建。

（二）内容 —— 课程内容

德育活动课程内容的对象是学校的全体学生。因此，课程实施过程中，一个很重要的评价指标就是德育活动课程主体是否为学生。同时，德育活动课程的开展应符合学校的实际教学情况。所以，德育活动内容的主体是否适合学生群体，以及课程内容实施的环境是否适用学校环境都是重要的评价参考和依据。

（三）实施 —— 实现过程

德育活动课程的实施既是课程目标 —— 核心素养的达成的具体形式，也是内容 —— 课程内容实现的重要形式。所以考量实施过程既是对上述两项评价指标的检验，也是对实施过程是否顺利、有效的考验。所以，将此环节作为德育活动课程评价体系的重要指标之一是极为有效的。

（四）评价 —— 活动反馈

核心内容的好与坏，课程内容是否紧扣目标，基于学生、学校实际，实施过程中各环节是否严密，活动形式是否与内容相适应都可以通过活动反馈环节来获得。所以，将评价 —— 活动反馈作为德育活动课程的评价指标之一，除了上述作用外，也将推动上述环节的良性循环，进而推动德育课程下学生核心素养的培养。

对活动过程和活动结果进行系统梳理、总结和评价，不仅可以促进学生的自我反思与表达、同伴的交流与评价，还可以促进学校德育活动的不断完善，促使活动内容由简单走向复杂，使活动主题向纵深发展，不断丰富活动内容、拓展活动范围，促进学生综合素质的持续发展。

对于一项德育活动来讲，我们可以从活动前、活动过程中和活动后这三个维度对学生的表现进行综合评价，三个环节的每一个环节都不容忽视。德育活动前的课前准备往往是最容易被教师和学生忽略的，而在实际的活动过程当中，如果学生没有进行充分的课前准备，会直接影响到课堂活动的教育效果。尤其是对于德育课程来讲，我们往往需要学生亲自去观察某些社会现象或者查找一些相关的资料，这样才能增强活动的效果，并且让学生在活动当中通过更加充分的准备来更好地发表自己的意见。

在每一次活动正式开始之前，组织者都会给学生布置相关的查找任务。学生可以通过互联网来查找也可以通过书籍查找，查找到的资料可以是文字的形式，也可以是图片资料和影视资料，如果有必要还可以拿出实物资料。而学生也可以根据自己的兴趣爱好，以及不同的能力和特长以小组为单位进行资料的搜集和整理工作，从而依靠团队的力量实现知识的互补和资源的共享。在德育课程活动当中，我们还可以让学生对自己的职业生涯规划进行归纳总结，或者可以找一些社会的热点问题，或者搜集一些身边的榜样、生活中的美、哲理性的小故事等。这些资料除了在上课发言时需要使用外，还可以定期地对学生的资料搜集活动进行评选，或者让学生利用这些资料来参加一些展评活动等。这些都可以作为评价的一部分，让学生能够亲自参与到活动当中，从而感受自己的成长和进步。

在活动当中对学生进行评价是很多教师都应用自如的。比如，我们在组织学生讨论一些问题或者发表看法的时候，对于不同层次的学生可以进行更加有针对性的训练，在评价的过程中也可以更多地使用激励和肯定的话语来帮助学生自我肯定，树立学习的信心。同样是评价课堂表现，评价的标准对于不同能力的学生来讲是有所不同的。对基础较好的学生，教师不仅要激励他们敢于发表自己的观点和见解，还要鼓励他们在发言过程中，提升思维和语言的逻辑性、概括性。而对于基础较差的学生，他们主动回答问题就已经是一种进步了，所以教师评价更重要的是要给予学生更多的肯定，让他们发现自己的闪光点，从而让他们可以看到自己的进步，更好地接纳自己。

而活动之后的评价主要就是对活动完成质量，以及学生在完成任务时的态度进行评价。这样的评价过程既不能让基础较差的学生感觉到学习的挫败感，也不能让基础比较好的学生，因为任务简单失去了认真完成的兴趣。所以在布置任务的时候可以针对活动开展的内容或者活动相关的事件进行评价，可以让学生在完成任务的过程中更好地表现出差异性，这样的活动也能满足不同特长和不同层次的学生的发展需求，更好地增强学生学习的信心。对学生的活动，以及作业的评价要发自内心地完成，更需要教师和学生贴近心灵，让学生能够接受教师发自内心的赞赏和鼓励。这样不仅有利于学生更好地认识自我，同时也能建立起更好的师生关系，让学生在收获知识的同时也能感受到信任、尊重、鼓励和爱。

三、优化多元化的评价主体

基于学生核心素养的发展所建立的德育活动课程评价的指标体系，必须要构建多元化的评价主体，让评价不再只是对被评价者的单向刺激，而是要让学生也参与到评价互动的过程当中进行对照和比较，让学生既可以发现自己的优点和长处，也可以发现自己的不足从而更好地改正。正是为了改变传统评价中只是老师单向地评价学生这样的封闭评价方式，让学生能够和其他评价者进行更加平等的对话和协商，所以在全新的德育活动课程评价体系当中应该充分发挥学生作用，选择让学生更多地进行无记名投票的方式来进行各类活动的评选。让学生亲自参与评选，有三个重要的优势：第一，可以让学生作为参与的主体产生更加强烈的情感体验，这样更有助于学生建立正确的价值观，从而做到知行统一；第二，让学生参与评价的过程可以提高评价的可信度和准确度，学生之间的相互接触最为亲密，而且彼此也是最了解对方的人，让学生进行评价可以避免评价过程中的武断和盲目，也可以增强教师对各位学生的了解；第三，评价的过程在教师的辅助下进行，可避免评价过于分散，让学生的评选结果更加集中，同时也能更好地反映出群体投票的意愿，让评价过程更为公正公平。总而言之，德育活动开展的目的就是让学生能够更好地规范自身行为，并且通过相关的活动来发掘自己的长处。对学生的相关培养能够更好地促进其成长和进步，同时也让学校的德育教育真正落到实处。

第二节 基于核心素养对学校德育工作成效的评价

一、评价学校德育工作成效的意义和原则

学校德育工作应遵循教育规律和青少年身心发展规律，立足于培养学生社会主义核心价值观，培养适合学生终身发展和社会需要的必备品格和关键能力的核心道德素养，建立促进学生思想道德建设工作的评价方式和测评体系，以评价促进学生成长、促进教师进步、促进学校发展，切实提高德育工作的针对性和实效性，全面落实学生思想道德建设的各项任务。

评价学校德育工作成效要遵循激励性、发展性、过程性、操作性和定性与定量相结合的基本原则。对学校德育工作进行测量评价，既要遵循教育规律和青少年身心成长规律，构建科学的德育工作测评指标体系，又要发挥测量评价的导向功能，激励学校充分展示德育活动情况和工作成绩，主动完善学校德育工作，探索德育工作的创新路径。评价学校德育工作成效，要通过科学的评价，认定德育工作目标的达成情况，客观反馈信息，促进学校调整优化德育工作。测评中，对所有发挥教育价值的活动和工作给予肯定，使测评更加注重过程性和形成性。测评指标应具有可测性，方法应具有可操作性，程序要简便易行。我们应通过定量评估获得学校德育工作的准确数据，通过定性评估对学校德育工作状况进行深度分析，从而对学校德育工作成效做出科学判断和客观评价。

二、基于核心素养对学校德育工作成效评价的主要内容和方法

对学校的德育工作成效的评价要基于学生核心素养在学校德育工作中得到的培养和发展情况进行评价。评价学校在德育的组织管理、德育的过程与方法、德育的效果等方面发展学生核心素养的情况。

（一）在德育的组织管理方面

在德育的组织管理方面，应有明确的培养学生健康生活、责任担当、实践创新等核心素养的德育规划。德育目标导向性强、科学、明确，目标分解具体、合理。德育计划具有针对性、可操作性，有完整的德育工作体系。有完善的德育管理体制和有力的德育工作队伍，分工明确、工作有效。有健全的德育评价制度，能反映学校德育工作在培养学生核心素养方面取得的成效。同时，营造良好的育人文化氛围，校园内部干净整洁、环境优美，校园文化丰富、和谐，

特色鲜明，突出体现不同学段和不同时期的学生核心素养培育重点。

（二）在德育的过程与方法方面

学校有规范和创新的德育行为，让立德树人的根本任务和基于核心素养的培育目标在学校德育工作中落地生根。严格按照法律法规、政策制度推进学校德育工作，立足于培养学生社会主义核心价值观和核心素养开展各项德育活动。充分发挥年级、班级管理的德育主阵地作用，有效指导和评价年级、班级德育工作。在德育实施过程中做到全员、全过程、全方位育人，注重教师师德教育和教师品德的示范引领作用。发挥思想品德课、班会课德育的主渠道作用，尤其是形成基于培养学生核心素养的阶段性系列主题班会课程。注重各学科在教学活动中有机融入思想道德教育和核心素养的培育，以沁润的方式融入德育，引导学生树立正确的价值观念，同时使其具备良好的道德品质。以丰富的系列德育主题活动搭建学生自主发展和社会参与的平台，培养核心素养，引领学生成长。重大节日礼仪活动形成序列，组织学生积极参与，确保活动的仪式感、活动品质和教育意义，创新活动形式，激发学生的主体意识，实现学生的自我教育和成长。

（三）在德育的效果方面

在德育的效果方面，主要应对学生素养呈现状态、班级和学校综合道德风貌进行评价。学校呈现出文明和谐的校园风气，学校活动井然有序，学校育人氛围浓厚，校园内形成正确舆论导向和传递正能量的舆论氛围，学校具有强大的凝聚力和师生认同感。师生呈现出健康积极的精神风貌。教职员工坚守职业道德，无违纪违法现象，工作认真敬业，有自觉的教学研究意识，积极追求和实现教育的价值，主动践行发展学生核心素养、立德树人的育人行为。学生品行端正，言语文明有礼，行为规范，品德测评合格率高，违纪率低。在学校的德育课程体系的学习过程中，学生通过参与一系列德育主题活动，并在学校全员全过程全方位的德育氛围熏陶下，发挥主体作用和主观能动性，树立以社会主义核心价值观为引领的道德理念，构建起涵盖健康生活、责任担当、实践创新等多维度的品德核心素养。

第五章　基于核心素养的中学德育活动课程与各学科课程协同育人

2019 年，中共中央办公厅、国务院办公厅印发的《关于深化新时代学校思想政治理论课改革创新的若干意见》指出，坚持思政课在课程体系中的政治引领和价值引领作用，统筹大中小学思政课一体化建设，推动各类课程与思政课建设形成协同效应。因此，大中小学校要充分认识到思政课的重要性，提升课堂教学效果，鲜活教材内容，完善教师选配和培养体制机制，健全评价和支持体系，深化大中小学思政课一体化建设，增强学校、家庭、社会协同，推动思政课建设。教育部于 2017 年印发的《中小学德育工作指南》同样提出，发挥其他课程德育功能，要根据不同年级和不同课程特点，充分挖掘各门课程蕴含的德育资源，将德育内容有机融入各门课程教学中。上述充分体现出学校德育活动课程与其他学科课程协同育人的必要性。

本章着重阐述核心素养与各学科核心能力之间的关系，德育活动课程与各学科课程之间的关系，以及德育活动课程与各学科课程如何协同育人。

第一节　核心素养与学科核心能力概述

一、核心素养的校本认识

一般认为，素养是通过训练和实践而获得的一种稳定的道德修养。《汉书》中说："马不伏历，不可以趋道；士不素养，不可以重国。"陆游在《上殿札子》中写道："气不素养，临事惶遽。"我们作为礼仪之邦，首先讲的是道德，再谈素质。道德与素养并不完全关联。在学校教育中，在培育学生道德情操的同时，培养学生的核心素养是重中之重。在教育教学过程中，我们认为素养是指个体在特定的情境下，能应对情境的复杂要求与挑战，并成功地甚至创新地圆满解决问题的能力。它是在个体与情境的有效互动中生成的。核心素养是一种跨学科素养，它强调的是各学科都可以发展的、对学生最有用的东西。它不是只适用于特定情境、特定学科或特定人群的特殊素养，而是适用大多数情境和所有人的普遍素养。素养与知识、能力、态度等概念的不同之处在于它强调知识、能力、态度的统整。

核心素养就其内涵而言，当以个体在现在及未来社会中应该具备的关键能力、知识技能及态度情感等为重点；就学科属性而言，核心素养并不指向某一学科知识，并不针对具体领域的具体问题，而是强调个体能够积极主动并且具备一定的方法获得知识和技能，从人的成长发展与适应未来社会的角度出发，跨学科跨情境地规定了对每一个人都具有重要意义的素养；就功能指向而言，核心素养的功能超出了职业和学校的范畴，不仅能满足基本生活和工作需要，而且有助于使学生发展成为更为健全的个体，能够更好地适应未来社会的发展变化，能够达到促进社会良好运行的目的，这也是学校培育学生的最终目的，促进个人发展，以使和谐社会良性循环。

二、学科核心素养及核心能力的校本认识

（一）学科核心素养的校本认识

学科核心素养是在教学过程中以"四基"（基础知识、基本技能、基本思想、基本活动经验）为根本，不断融入情感、态度、价值观，通过长期学习的积淀而形成的体现学科思维特征及态度，能够适应学生终身发展和社会发展需要的必备品格和关键能力。它是学科课程目标、教育理念、育人价值的集中体现，是核心素养在特定学科的具体化、操作化表述，是学生在特定学科学习探索的教育过程中形成的扎实"四基"与情感、态度、价值观等方面的综合表现。

（二）学科核心能力的校本认识

学科核心能力主要指学科核心素养中的关键能力。郑桂华指出，关键能力是学科核心素养的核心要素，是一个人在某一方面综合素质的集中体现，又是在实践中才可能表现出来的知识、素养、意识的集合。需要说明的是：必备品格与核心能力这两者是不能割裂开来的，它们在学科学习过程中实际上应该是同时出现、共同作用的，具有同时性和协同性；核心能力在学生社会生涯中能不能起作用，起什么作用，关键看必备品格的支撑作用。学科课程能培养学生在对应学科中的关键能力，但不能只单纯培养关键能力，还需同时培养支撑学

科关键能力应用于正确方向的必备品格，只有两者协同发展，才能为学生的终身发展负责，对人类社会负责。

三、核心素养与学科核心能力的关系

从前面的分析可以看出，核心素养是更加宽泛的一种跨学科素养，它是所有学科共育而形成的对学生有用的东西，而不是特定学科或特定人群的特殊素养。它具有普适性、根本性和引领性，涵盖所有的学科核心能力和必备品格，是所有学科核心能力与学科必备品格的融合和升华，是更高级形式的一种适应个体发展和社会发展的共性的综合素养和能力，也可理解为发展素养。而学科核心能力是基于学生在学习特定学科的过程中形成的适应个人发展和社会发展的特殊素养，它具有独特性和局限性。学科核心能力是核心素养必不可少的组成部分和形成基础，也就是核心素养形成的基石，我们可以用图 5-1 来简单理解学科"四基"、学科核心能力和学科必备品格、核心素养之间的关系。

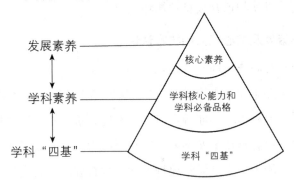

图 5-1　学科"四基"、学科核心能力和学科必备品格、核心素养的关系层级

第二节　中学德育活动课程与中学各学科课程的关系

一、德育活动课程与学科课程的校本认识

（一）德育活动课程的校本认识

中学的德育活动课程可参考《中小学德育工作指南》来设置：初中学段要教育和引导学生热爱中国共产党、热爱祖国、热爱人民，认同中华文化，继承革命传统，弘扬民族精神，理解基本的社会规范和道德规范，树立规则意识、

法治观念，培养公民意识，掌握促进身心健康发展的途径和方法，养成热爱劳动、自主自立、意志坚强的生活态度，形成尊重他人、乐于助人、善于合作、勇于创新等良好品质。高中学段要教育和引导学生热爱中国共产党、热爱祖国、热爱人民，拥护中国特色社会主义道路，弘扬民族精神，增强民族自尊心、自信心和自豪感，增强公民意识、社会责任感和民主法治观念，学习运用马克思主义基本观点和方法观察问题、分析问题和解决问题，学会正确选择人生发展道路的相关知识，具备自主、自立、自强的态度和能力，初步形成正确的世界观、人生观和价值观。

德育活动课程是指为了培养适合学生个人发展、适应或引领社会发展的核心素养而开展的一切教育教学活动课程，它以德育活动作为教学的主要形式，以培养和提升学生适合学段所要求的道德品质、精神意识为主要目标。德育活动课程的实施要以一定的外在形式，力求符合学生当前的兴趣与需要，以学生为中心组织课程，使课程在符合学生年龄、心理特征的情况下，有目的地培养他们的主体意识，提高自身调控能力，以形成和发展他们的德育学习能力，充分发挥他们在培养自身品德中的主体作用。此处所讲的德育活动课程与教科书形式呈现的认知性德育课程是相对的。认知性德育课程，是学校课程体系中以直接传授道德知识或价值，培养学生思想品德为目的的正规课程，如写入课表的思政课。而德育活动课程是通过活动的形式，以体验、生活、劳动等作为内容和载体来体现并实现德育目标、德育内容的课程类型。既然称之为课程，则其必须具备课程的四个要素：课程目标、课程内容、课程实施、课程评价。

（二）学科课程的校本认识

学科课程也叫分科课程，即从各门学科中选取最基本的内容，组成各种不同的学科，分学科安排教学顺序、学习时数和期限的课程。同时也相应地编写不同学科的教科书作为学科课程内容的基本依据。学科课程是每门学科知识体系的科学安排，易于使各级学校的相同或相近学科领域的知识连接起来，使它们成为一个体系，如初中的数学、高中的数学直至大学的数学，实际上是一个螺旋式上升的连续系列。学科课程易于保证所授知识与技能的完整性、连续性、严密性和科学性。

二、德育活动课程与各学科课程的关系

（一）学科课程的专业性、特定性使得其中的德育的价值易被忽视

学科课程要培养学生的学科必备品格和学科核心能力。它的特点是，各学科课程各自有明确的研究对象，有属于自身的研究方法，彼此界限清楚，各自自成一体；以知识的逻辑体系为中心来编排课程，重视学习的理论知识的系统性和科学性。因此，学科课程一直居于显要地位。然而，单纯重视学科课程也有不足之处：由于学科各自独立，割裂了各学科之间的联系。如果只是单纯注重学科课程，重视学科的系统性、严密性和科学性，而不注意发挥学科教育的社会职能与人的发展职能；只是注重学科知识，而置学科核心素养（学科必备品格和学科核心能力）培养于不顾，势必将获取知识与培养核心素养相脱离，不符合现代教育对于培养德、智、体、美、劳全方位发展的综合性人才培养的要求。学科课程以分门别类的方式组织和编排，而学生的现实生活却是完整的，这种课程上的人为的割裂，造成学生认知结构的支离破碎，不利于学生核心素养的培养和发展。德育活动课程除了有利于学生优秀品格的培养，更能支撑学生对各学科课程的持续有效学习。教育的目标是培养全面发展的人，传授知识本身就是思想教育的一部分，学生通过学习不仅可以掌握系统的科学文化知识，认识客观世界，还可以发展认识能力、创造能力。构建符合学生心理特征、符合学生兴趣的德育活动课程，能够潜移默化地影响学生。学生在德育活动课程上所获得的好品格可以直接影响其学习的非智力因素，如好的学习习惯、学习自信、学习毅力等。因此，在教学中融入德育，使德育与学科课程协同发展，是学生成长成才的必经之路。

（二）德育活动课程与学科课程二者协同发展

在实际教育教学过程中，学科课程在实施中培育学生的必备品格，德育活动课程反过来又促进学科课程的有效实施，二者同时存在，互相渗透，相互依存，协同共进。其实，学科知识的传授过程就是学生学科核心素养的形成过程，学科核心素养涵盖学科必备品格和学科核心能力两个方面，其中学科必备品格主要指学生的必备思想品质。如生物核心素养中的生命观念和社会责任，化学、物理核心素养中的科学态度与责任，政治学科核心素养中的科学精神与政治认同，体育核心素养中的体育品德等。

核心素养的形成其实包括学生必备思想品质的形成，就是学生顽强的品格、坚毅的学习态度、正确的认识观、价值观的形成。反过来这些学科必备品格的形成也有助于促进学生良好学习习惯、持续的学习毅力、科学的学习方法的形成，为其学科核心能力的持续、有效、快速形成提供了保障。

第三节　德育活动课程与各学科课程协同育人的校本实践

教育的目的必须明确回答如下三个问题：为谁培养人？培养什么样的人？如何培养人？习近平总书记在全国教育大会上提出"五育"并举的育人机制。现在的教育就是要培养德、智、体、美、劳全面发展的社会主义事业的接班人和建设者。由此可以看出，教育要德育为先，所以我们的学科教学也不能脱离这个最基本和最重要的前提。教育的本质需要我们把学科课程与德育活动课程二者紧密结合，相互融合，协同育人。那么，在实际学科教学过程中，如何在学科课程中融入德育活动课程，又如何通过德育活动课程反过来促进学科课程的有效实施呢？下面是成都市盐道街中学实际操作中的做法。

一、德育活动课程与学科课程协同发展的重要途径

（一）在"学科第一课"，明确必备品格的要求

学生接触到的"学科第一课"是对该学科的第一印象和总体认识，应包括学科必备的要求。学科第一课应该要体现本学科特色，但又不仅限于本学科的课本知识，还要以学科活动为载体，将知识与人文精神相融合，体现课堂的德育融入，达成育人目标，围绕相关知识，结合学科特性，引入新授知识，将德育内容整合进学科教学。

（二）在学科课堂中，强化必备品格的培养

学科课程的核心是培养学生的学科核心能力，要求教师用更加生动、活泼、高效的课堂活动来达到这一目标。教师要由知识的传授者转变为学生学习的组织者，要给学生创设自主、探究、合作的空间。教师要组织学生发现、寻找、搜集和利用学习资源，建立起和谐的、民主的、平等的师生关系；同时还要在教学中创设丰富的教学情景、激发学生的学习动机，培养其学习兴趣，调动他们的学习积极性。教师通过这种和学生的双边活动，让学生在学习中产生自信

心和成就感，使课堂教学变得充满生机和活力。而在学科课堂教学中，利用课堂活动来强化德育融入，教师与学生、学生与学生乃至学生与自然、学生与社会之间在活动过程中进行平等的交流、真诚的沟通，在教师的引导、独立思考或者合作的氛围中潜移默化地提升道德品质修养，强化德育精神意识，形成正确的世界观、人生观和价值观。

（三）在学科测试中，进行必备品格的评价

纵观历年中、高考题，不难发现，考题不仅是对学生知识和能力的考查，也具有德育考查功能。坚持思想性与科学性的统一，有意识地将"情感、态度、价值观"融入中、高考的命题范畴。对必备品格的评价主要表现在对学生正确的人生观、世界观、价值观的引导，特别是爱国主义精神的培育和引领。

二、德育活动课程与学科课程协同发展的基本方法

（一）巧设情境，在导入新课的起点融入德育

苏霍姆林斯基曾说：不要使掌握知识的过程让孩子们感到厌烦，不要把他们引入一种疲劳和对一切漠不关心的状态，而要使他们的整个身心充满欢乐。如在初中的数学课中融入德育，可以通过教师巧妙创设情境，达到很自然的"润物细无声"的效果。

【案例5-1】语文严老师在讲"过零丁洋"新课之前，先放一段关于文天祥带领南宋军队英勇抗击元军，被俘入狱后与元人英勇斗争，顽强不屈，最后英勇就义的微课。同学们看得热泪盈眶。在同学们心潮澎湃、感叹唏嘘中，严老师带领大家开始朗诵《过零丁洋》。可能是受到文天祥顽强不屈的爱国主义精神的影响，整节课同学们的状态都非常亢奋，学习效果出奇地好！

（二）巧妙设计学科活动，在学生活动中融入德育

在学科课程中，我们尝试设计一些学科活动，改变原有的学科教学方式，多让学生参与体验式学习，通过实践来获得知识、技能和方法，可以使我们的课堂教学方式更加多样，让同学们真正体会团队协作的意义和重要性，同时带来更好的教学效果。

【案例5-2】初中数学王老师在"利用相似三角形测距离"这一节的教学中，将原来的室内课堂教学模式进行重新设计，改为室外体验活动课，成立几个活动小组，要求每组学生合作测出校园的银杏树、旗杆、办公楼等不同物体的高

度，方法的选用可以自定。这样把理论联系实际，学生亲自参与实践，不仅有助于学生加深对知识的理解，同时也使得课堂的形式多样并生动有趣。同学们在活动中自主学习、交流讨论、选取方法、实施测量、得出结论，在过程中不断调整思维，获得小组同学的认同，体验成功的喜悦。这样既培养了大家的学习兴趣，也增强了团队合作的意识。课后同学们都希望以后的数学课多开展这样的活动。一位同学说："在活动中体验、感悟、总结、提炼，真的好开心！这样的课真有意思！"

（三）在学科课程教学中融入故事

在学科教学过程中，结合教学需要，融合适当的教育故事，使教学的情景生活化，这样既便于学生理解教学知识和方法，也可同时培养学生良好的思维品质和道德品质。

【案例 5-3】在关于"概率"学习的一节公开课里，初中数学徐老师讲述了这样一个真实故事：一个贫困的家庭两个孩子同时患重病，家里的经济条件无法医治两个孩子，哥哥想到了抓阄的主意，于是哥哥把两张纸团儿都写的医治，并让弟弟先抓，另一张等弟弟抓完就扔了。徐老师通过这一真实故事引导孩子们用数学的概念解释哥哥的这一举动，从而学习了随机事件和必然事件，也教育孩子们学习关爱他人、感恩父母与亲人。

（四）在课堂反思中融入德育

在课堂教学的反思建构中，我们引领学生在大脑中对知识进行系统化、网络化的重组建构的同时，也要引领学生通过对事件、对社会、对人性的不断反思，从而不断重塑自己的世界观、人生观、价值观，达到育人的目的。

【案例 5-4】王老师的一节公开课"50 人中有两人生日（同月同日）的概率有多大"，在开始的时候她提出了一个问题：请同学们猜一猜，50 人中有两个人生日相同的概率有多大？请直接说出你自己的感觉，我们来看看谁的结果与真实的答案最接近。学生 1：3%；学生 2：4%；学生 3：8%……王老师连续抽了 12 名同学，认为没有相同的生日的同学数量超过 10%。而后来用摸球游戏证明"50 人中有两人生日相同的概率却非常高，全班做了 30 次实验，游戏的结果为 100%"，同学们对这个结果感到瞠目结舌，非常震撼。在试验后的小结中，王老师告诉同学们，50 人中有两人生日相同的理论概率为

97.8%，为什么这么高呢？请有兴趣的同学们去网上了解，并于第二天向其他同学讲解自己的理解，这大大激发了同学们的学习热情。同时王老师要求同学们对自己原有的认识与事实的结论进行对比，反思这里面蕴含了什么样的处事道理。同学们也纷纷发表自己的观点。其中有一个同学说："这件事情告诉我们，在今后的生活中，我们不能凭感觉轻易对一件事情下结论，否则有可能带来很大的偏差！"也有同学说："这件事情说明，事实是检验真理的标准，我们不能想当然地解决问题！"……王老师最后总结说："同学们的认识都很好！在今后的生活中，我们一定要注意感觉有时是靠不住的，没有确实的证据，最好不要轻易地下结论，要通过不断地观察、实践，找到真正的事实，这是一个人做事做人应有的态度！"

（五）在学科练习或学科考试命题中融入育人素材

现在的很多考试中的命题都非常重视考试命题育人功能的发挥，将育人的材料与质量同命题相结合，做到润物细无声，潜移默化，无言沁润。

【案例 5-5】在一次学校期末模拟质量监测中，九年级数学考试题中就出了一道应用问题：据科学调查，一亩（1 亩 ≈ 666.67 平方米）5 年生树木每天大约能吸收二氧化碳 40 千克，放出氧气 32 千克，达到净化空气的良好效果。随着树龄（在 1 ～ 30 年内）的增长每年吸收二氧化碳的能力增加 10% 左右，放出氧气的能力增加 12% 左右。成都某居民区为了改善居住环境，利用小区的一块空地于 2019 年 3 月全部栽种一批 5 年生树木，使之两年后达到每年能吸收 264.99 吨二氧化碳。这个小区的空地有多少亩？2021 年 3 月后这块空地种植的树木理论上讲每年至少能放出多少吨氧气？由此题你有什么联想或者建议？学生在阅读这道题的过程中，会对树木可以吸收二氧化碳并释放氧气，达到净化空气的道理有所感悟，并通过计算可加深对这一点的理解。题目的最后提出的问题，可对学生的理解起到放大和加深的效果，既培养了学生解决问题的能力，也深化了学生保护树木、绿化校园、爱护环境等思想意识，非常好地诠释了育人于无形的教育理念。

下篇　小学篇

第六章　小学德育教育概述

第一节　小学德育课程

一、德育课程的含义

任何教育教学的目的和要求都最终体现在课程上。设置何种课程以及如何组织和实施课程，不仅关系到教育教学内容的选择和确定，也关系到为教育教学活动提供什么样的依据。道德教育因其教育目的和要求不同于其他教育，所以，德育课程无论是从内容上还是从形式上都有其特殊的要求。科学理解德育课程的内涵，明确其基本类型具有较强的现实意义。

目前关于德育课程概念的两种具有代表性的观点如下：

（1）侧重于课程开设的目的性方面：德育课程是具有育德性质和功能，因而对受教育者的思想品德发展有影响作用的教育因素，是整个教育课程的有机组成部分。

（2）侧重于课程的形式方面：德育课程是道德教育内容或实施教育影响的一种形式，是学校道德教育内容与学习经验的组织形式。

对这两个德育课程的观点进行分析，能够发现两个观点对德育课程都有共同的认识，即德育课程必须是一种主观上具有育德意向的，在效果上有育德功能的教育方式。而要判断是否为德育课程应该从这样两个要素进行分析，一是这种课程是否有着明确的道德教育目的，二是这种课程是否有明确的载体（如活动、课堂教学等）来实现这种目的。至于对学生能起到怎样的育德作用，则属于德育课程效果如何的问题，而不是课程本身必须具备的要素。

因此，本书认为德育课程是为了促进学生形成某种品德，由一切对学生品德发展有影响力的教育因素组成的规划和内容的总和。由此可以推导出，小学德育课程是指小学生在教育者的引导下获得的富于道德教育意义的经验，这些经验是教育者依据小学生道德发展的需要和社会道德进步的需要精心选择和组织，并有计划、有目的地加以组织与安排的。

要明晰小学德育课程的概念，需要注意以下四个问题：第一，小学德育课程的学习对象是小学生，而小学生自身具有的认知特点也会影响德育课程教育目的的设置、教学内容的选择、教学方式和策略的使用。第二，小学德育课程目标并不是简单传授一系列固定的道德规范体系，而重在使小学生确立合乎道德的价值观和人生态度，并形成与之相应的生活方式。第三，小学德育课程内容的选择需要符合时代和社会对人才的需求，不同的历史时期德育内容是有所不同的，这些不同均与时代和社会发展相关。第四，小学德育课程学习方式中更关注小学生的主动体验与实践参与，教学方式也必须更加多元化与多样化。

二、德育课程的类型

德育课程发展到今天有着多样的存在方式，人们按照不同的维度对其进行了分类。如有学者根据对学生产生道德影响的方式将德育课程分为显性德育课程与隐性德育课程；根据德育课程对不同道德心理机制的作用将德育课程分为认识性德育课程和活动性德育课程；根据德育课程在学校课程体制中的存在方式将德育课程分为学科德育课程与活动德育课程。还有学者把德育课程分为认识性德育课程、活动性德育课程、体制意义上的德育课程、气氛意义上的德育课程、隐性的认识性德育课程和隐性的活动性德育课程等。这些划分的最终目的都是从不同的角度更好地把握不同德育方式所具有的特点和能够起到的作用。本书主要介绍以下五种德育课程类型：

（一）认识性德育课程

认识性德育课程，是学校于正式课程之中规定的德育课程，是系统传授和学习有关道德的、思想政治的知识、观念、理论，以促进受教育者思想道德认识、观念、理想乃至道德情感、意志、行为习惯的形成与发展的课程。

认识性德育课程具有教学活动独立性和教学内容系统性的特征。在认识性德育课程中，教师根据课程计划和课程标准，在规定的时间内进行教学，引导学生系统掌握有关思想、政治和道德的知识，培养他们的世界观、人生观和价值观。认识性德育课程的主要特点是教育性。德育课和各科教学一样，也要涉及大量自然知识和社会知识，要向学生传授比较系统的道德知识，要解决知与不知、正确与错误的矛盾，即具有科学性。然而，由于德育课程与各科教学所要解决的主要矛盾不同，德育课程的根本任务是进行思想品德教育，使受教育者养成良好的品德和行为习惯，其着眼点应始终放在进行道德教育，促进学生知、情、意、信、行等品德要素的协调发展上。因此，教育性是德育课程的本质特征。

认识性德育课程的主要功能在于传授道德知识，发展道德认识能力。它重理智，注重道德行为中智慧之启迪，诉诸学生的理解，养成学生正确的道德判断力，使他们对有关道德的知识、观念有系统的把握。凭着良知，我们才能判断善当行、恶当避，才能有持久、平衡的意志与情感准备。更重要的是，我们才能自觉地服从、遵守道德规范，促进个体道德由他律到自律的转变。

（二）活动性（或实践性）德育课程

一些学者对于活动性（或实践性）德育课程的含义做了界定。例如活动性（或实践性）德育课程"是以学生为中心，实践活动为载体，以学生直接经验获得为主要内容的一种课程形式，是学生在实践活动中接受综合知识或经验为主要内容的一种组合方式"。

活动性德育课程是以学生的兴趣、需要和能力为基础，利用校内外的教育资源，通过学校组织或学生自己组织的一系列活动，旨在增进学生的道德认识和实践能力，改善其道德生活而实施的德育课程。

就认识性德育课程和活动性德育课程的关系而言，认识性课程是德育的基础课程，活动性课程则是德育的主导课程。活动性德育课程的主要功能在于可以弥补知而不行之弊，它着眼于学生的自主和谐的发展，以培养学生的道德能力和行为习惯为主要任务。把活动课纳入课程计划，并作为道德教育课程的主要部分，也正是在于活动在个性品德的形成和发展中所具有的独特作用。生产劳动、社会实践是活动性德育课程的重要形式。

活动课程的实施要注意以下三个方面：活动课程应当贯彻主体性原则；活动课程应当与其他课程相配合；活动课程应当与社会生活相统一。

（三）学科德育课程

学科德育课程是以学科为中心编制的课程。学科德育课程是我国唯一有专门的教材、教师及固定的时空环境的一种课程类型，是学校道德教育的基础和主要的课程类型。其主要任务是通过正规的课堂教学，帮助学生系统地把握、内化基本的道德知识、价值规范，提高道德认知能力，激发丰富道德情感体验，促进他们形成良好、积极的世界观、人生观和价值观。

学科德育课程主要有两类：一是专门的德育学科课程；二是以学科课程方式存在的其他学科课程中包含的道德内容。所谓专门的道德教育学科课程就是指以专门介绍道德价值、规则的原理与知识体系，提高学生道德认知与判断能力等为主要内容的课程。中国一直采取的是学科课程的形式。从世界现当代德育发展的趋势来说，学科德育课程越来越得到肯定。各科教学的德育功能主要有两个方面：第一，系统的文化知识学习是提高学生理性能力的重要途径，这是为道德教育提供必要的工具的前提。第二，各科教学本身包含着许多重要的价值或道德教育的因素。

（四）隐性德育课程

隐性课程又称"潜在课程"，潜在课程是由英文 potential course 翻译过来的。常见的翻译有隐性课程、隐蔽课程、潜在课程、隐藏课程等。按照权威性的《国际教育百科全书》的看法，隐性课程是指那些形成学生的非正式的各个要素，如能力分组、课堂里的规则与程序、暗含的课本内容、学生的性别角色差异，以及课堂里的奖励结构。隐性德育课程是德育课程体系的一部分，同时也是隐性课程的一个分支，它不仅具有隐性课程的特点，而且能结合德育本身的特点发挥独特的作用。在具体实践中，由学校内部各种环境因素构成的隐性德育课程主要是通过依靠环境育人的精神作用机制实现德育目标，以达到"潜移默化"的德育实效，成为德育中不可或缺的一部分。

隐性德育课程是"隐性课程"的下属概念，是德育课程的一个分支。对于隐性德育课程的概念界定，学界一直是各抒己见、众说纷纭。以下是三种最具代表性、最具认可度的观点：

其一，隐性德育课程主要是指学生在学校生活中通过各种途径获得的能够影响自身品德经验生长的各种隐性教育因素的总和，主要是学校物质环境与精神"动力场"构成的具有教育意义的德育资源的概括。

其二，隐性德育课程主要是学校为了实现整体教育目标，以内隐的、不明确的方式，使受教育者无意识中获得的思想道德方面的经验的教育内容和因素的总和。

其三，隐性德育课程一般是指存在于课内外、校内外、潜在的、有目的的、间接的教育活动中，并通过引起受教育者无意识、非特定的心理反应，进而发挥其潜在教育作用，对学生进行间接的教育性经验的融入与传递。

本书认为隐性德育课程是指广泛地存在于课内外、校内外教育活动中间接的、内隐的，通过社会角色无意识的、非特定心理反应发生作用的德育影响因素。简单说就是学校通过（或创设）一定的教育环境，对学生进行一种间接的教育性经验的融入与传递。

关于隐性德育课程的构成要素，不同学者提出了不同的建议。第一，从文化类型的角度，采用物质、精神二分法将隐性德育课程归纳划分为精神环境类和物质环境类隐性德育课程。第二，从存在领域角度划分，将隐性德育课程划分为文化—心理类隐性德育课程、物质—空间类隐性德育课程、组织—制度类隐性德育课程。第三，从主客体的角度划分，主要分为两大类：一类是存在于教师、学生以及师生"双主互动"之中的主体性要素；另一类是存在于校园文化之中的客体性要素。

除此之外，关于隐性德育课程构成要素的界定，还有一些其他的划分。例如，叶明非等认为隐性德育课程由六大因素构成，即认识性德育课程的隐性德育因素、非德育认识性课程的隐性德育因素、活动性德育课程的隐性德育因素、非德育活动的隐性德育因素、体制的隐性德育因素和气氛的隐性德育因素。

季诚钧认为隐性德育课程可分为四类：显性德育课程背后隐含的隐性德育课程、物质形态的隐性德育课程、制度形态的隐性德育课程、精神形态的隐性德育课程。

冀学锋从静态层面，将隐性德育课程领域划分为三个方面：学校物质层面的隐性德育课程，学校组织和制度层面的隐性德育课程，学校精神和文化层面的隐性德育课程。冀学锋从内容因素、学生的因素、方式因素三大基点对隐性德育课程的设计进行了探讨。

余双好对隐性德育课程设计与开发的基本方法进行了研究，提出隐性德育课程设计与开发的基本方法，如公正团体建设法、校园文化建设法、环境优化法等。

（五）校本德育课程

校本课程亦称"学校本位课程"或"学校自编课程"，即由学生所在学校的教师编制、实施和评价的课程。具体地说，校本课程就是某一类学校或某一级学校的个别教师、部分教师或全体教师，根据国家制定的教育目的，在分析本校外部环境和内部环境的基础上，针对本校、本年级或本班级特定的学生群体编制、实施和评价的课程。

目前，我国实行国家课程、地方课程和学校课程三级管理模式，要求学校从实际出发，参与本社区学校课程具体实施方案的编制，同时结合本校传统和优势、学生的兴趣和需要，开发或选用适合本校的课程。可见，校本德育课程的研究开发和实施是现代课程发展方向之一。

第二节　小学德育内容

小学德育内容是一定的阶级或阶层，依据德育目标的要求，为了实现德育目标通过一定的活动去教育培育年轻一代的思想、政治、道德、法纪和心理等方面的知识、理论、观点、准则和规范等。德育内容作为教育者对受教育者影响的中介，其关系到未来一代的思想政治面貌和道德面貌。

一、改革开放以来我国小学德育内容与课程内容的变迁

改革开放以来，我国小学德育内容与课程内容的变迁大致经历了恢复与重建期（1978—1987年）、探索与改进期（1988—1997年）、丰富与完善期（1998—2007年）、深化与提升期（2008年至今）四个阶段。

（一）恢复与重建期（1978—1987年）

1979年4月22日至5月7日，教育部召开全国中小学思想政治教育工作座谈会，会后印发会议纪要，明确规定了学校德育工作内容的具体开展要求。1981年，国家教育委员会（以下简称"国家教委"）印发《关于小学开设思想品德课的通知》，当年秋季小学各年级普遍设立思想品德课。1982年，教育部颁布《全日制五年制小学思想品德课教学大纲（试行草案）》，这是新中国成立以来第一个思想品德课教学大纲。1985年，中共中央发出《关于改革学校思想品德和政治理论课程教学的通知》，基于时代特征明确了各个阶段学

校德育课程的建设目标，基于教育阶段的划分对德育课程提出了不同要求，为小学德育课程的科学化、专业化发展提供了可能。1986年，国家教委颁发了《全日制小学思想品德课教学大纲》，增加了"大纲实施"部分，提高了可行性与实效性，且"允许各地根据大纲要求，实行'一纲多本，委托编写，审查通过，自由选用'的原则"，结束了我国小学德育课程建设缺乏大纲指导的局面。它进一步明确了小学思想品德课的性质、地位和作用，指出思想品德课是向小学生比较系统地进行共产主义思想品德教育的一门课程。这是我国学校教育社会主义性质的一个重要标志，在小学教育中居于重要地位。

（二）探索与改进期（1988—1997年）

1992年，邓小平南方谈话和党的十四大标志着我国改革开放和社会主义现代化建设进入了新阶段。随着我国计划经济体制向社会主义市场经济体制的转变，物质文明与精神文明协调发展的要求更为迫切，德育课程内容的改革侧重于为社会主义现代化建设服务。围绕新形势下的政治与社会发展需求，小学德育课程在新的历史时期逐渐规范化，呈现出新的特点与发展趋势。小学德育课程内容如何与政治保持适度的张力，兼顾政治方向与现代化发展，成为这个阶段的核心议题。1992年，国家教委在《九年义务教育全日制小学、初级中学课程计划（试行）》中提出要把坚定正确的政治方向放在第一位，其培养目标突出了基础性、时代性与针对性，明确提出课程具有全面育人的整体功能，特别强调要通过各类课程与活动向学生进行思想品德教育。

同时，国家教委也制定了与此课程计划配套的各科教学大纲，其中1992年国家教委颁布的《九年义务教育全日制小学思想品德课教学大纲（试用）》总结了小学的思想品德课程设立以来的宝贵经验，强调教育内容的基础性与科学性。紧接着，国家教委于1993年正式颁布了《小学德育纲要》。为更好地贯彻落实《中共中央关于进一步加强和改进学校德育工作的若干意见》，国家教委于1997年颁布了《九年义务教育小学思想品德课和初中思想政治课课程标准（试行）》（用"课程标准"取代了原有"教学大纲"称谓），"教学大纲"向"课程标准"的转变，标志着德育课程的改革进入了由教师的教学立场转向学生的学习立场的发展阶段，这是新中国成立后第一次将九年义务教育作为一个有机的系统进行整体的综合设计，是对克服小学与中学德育相脱节问题的一次主动尝试。

（三）丰富与完善期（1998—2007 年）

随着素质教育的开展与推进，以德育为首的课程改革呈现出良好的发展态势，也逐渐转向对于德育课程内容自身发展规律与逻辑的关注。1999 年颁布的《中共中央　国务院关于深化教育改革全面推进素质教育的决定》指出：进一步改进德育工作的方式方法，寓德育于各学科教学之中，加强学校德育与学生生活和社会实践的联系，讲究实际效果，克服形式主义倾向。2001 年中共中央印发的《公民道德建设实施纲要》作为 21 世纪公民道德建设的指导性文件，是贯彻落实依法治国同以德治国紧密结合重要思想的重大举措，强调了公民道德建设与社会主义公民培养的重要意义。为了落实《公民道德建设实施纲要》的精神与要求，2002 年教育部颁布了《全日制义务教育品德与生活课程标准（实验稿）》和《品德与社会课程标准（实验稿）》，分别指出：品德与生活课程是以儿童的生活为基础，以培养品德良好、乐于探究、热爱生活的儿童为目标的活动型综合课程。品德与社会课程是在小学中高年级开设的一门以儿童社会生活为基础，促进学生良好品德形成和社会性发展的综合课程。这一时期，小学德育课程内容逐渐摆脱聚焦于政治形势与社会现状的运动式状态，扭转德育课程内容对于生活的疏离状态，强调关注学生的真实生活状态，以提高德育课程内容的实效性与针对性，发挥德育的个体发展功能。

（四）深化与提升期（2008 年至今）

新媒体时代不断绽放社会活力，在不断协调个人需要与社会需要的过程中，此阶段偏重德育课程的个体享用功能，遵循学生的品德发展规律，注重德性养成。2011 年，《义务教育品德与生活课程标准》和《义务教育品德与社会课程标准》完成了修订，贯彻了《国家中长期教育改革和发展规划纲要（2010—2020 年）》坚持德育为先、立德树人的理念，并根据实施情况进行删减与调整，逐渐去成人化，打破小学德育课程与学生思想实际的鸿沟，旨在促进学生良好品德的形成。2014 年，十八届中央委员会第四次全体会议拟定了《中共中央关于全面推进依法治国若干重大问题的决定》，提出把法治教育纳入国民教育体系，在中小学设立法治课程。

在中国特色社会主义进入新时代的背景下，立德树人作为教育根本任务得以确认，国家教育方针中的"德"也被赋予了新的内涵，主要指社会主义核心价值观。社会主义核心价值观教育和立德树人的新要求，要求新时代的儿童道德教育，要致力于将儿童培养成具有高尚道德、法治精神、健全人格、健康体魄的社会主义建设者和接班人。为了解决儿童道德教育的难点和适应新时代的道德教育要求，2016年秋季开始，新的统编版教材《道德与法治》正式进入全国各地中小学，这也标志着小学品德与生活（社会）课程正式更名为道德与法治课程。教材名称的改变，不仅是课程对新时代培养什么样的人的直接回应，而且也是落实党中央决策行动的具体表现。2017年教育部印发的《中小学德育工作指南》在德育的总体目标中提出使学生养成良好的法治意识。德育课程注重以育人为本，关注人本身的需要和发展，关注德育的个体享用功能，强调只有在真实的生活中，德育课程功能才能得以实现。

综上，改革开放40多年来，小学德育内容经历了恢复与重建、探索与改进、丰富与完善以及深化与提升四个阶段。在不同的历史发展阶段，小学德育内容展示出不同的适应方式与反映模式，从过去政治主导的单维价值取向，到适应社会主义现代化建设的需求；从满足小学德育课程本身的发展特点与规律，到致力于促进学生良好品德的形成，这些转变扭转了工具主义与功利主义的倾向，促使小学德育转向关注学生道德精神世界的建构。在崭新的历史时期，小学德育课程在改革与发展中不断积累经验，致力于彰显德育课堂的德性价值，不断发展学生在德育课堂中的话语权。同时，结合新时代的新特点与新要求，小学德育课程如何在专业化、科学化的道路上理性发展，在遵循顶层设计的基础上实现理想状态的回归生活，平衡好社会发展和个人发展的需要，将成为德育课程探索的重要命题。

二、我国小学德育内容的基本构成

德育内容主要由五个方面的教育内容构成，即基本的文明习惯和行为规范教育、道德品质教育、爱国主义教育、集体主义教育、民主与法治教育等。它们各有各的特点，同时又相互联系，相互制约，一起构成了德育内容整体。

（一）基本的文明习惯和行为规范教育

学校德育的重要任务之一是使青少年养成基本的文明行为习惯，遵守日常生活中的各种行为规范，这也是现代公民应具备的基本素养。因此，基本的行为规范教育一直是学校德育的重要内容。文明行为教育的内容很多，涉及儿童生活的方方面面。诸如，在学校生活中要热爱集体，同学之间要互相尊重、团结互助、理解、宽容、真诚相待，诚实守信，礼貌待人，尊重教职工，热爱学习，乐于探究等；在家庭生活中要孝敬父母，尊敬长辈，与邻里和睦相处等；在社会公共生活中要爱护公物，遵守公共秩序，遵守交通法规等。学生无论是在学校、家庭还是在社会公共场所，都应当遵守文明行为规则。文明行为的内容广泛，看起来似乎是日常小事，却是一个有教养的人的文化修养和精神内涵的标志或表现。

（二）基本的道德品质教育

基本的道德品质，如诚实、守信、守法、公正、仁爱等，作为人的立身之本，一直是道德教育的重要内容。现代社会变迁迅速，人际交往日益频繁，价值观日趋多元化。面对复杂的现实生活，很多国家都极为重视儿童基本道德品质的养成。早在1980年国际道德教育会议的报告中曾经归纳出各国道德教育计划应当共同强调的内容，共有四类：第一，社会价值标准，如合作、正直、社会正义、尊重他人、公民精神、社会责任感、尊重人类尊严等；第二，有关个人的价值标准，如忠厚、诚实、守纪律、宽容、襟怀坦荡等；第三，有关国家和世界的价值标准，如爱国主义、民族意识、和平的公民责任、国际理解、人类友爱、民族间相互依存的意识等；第四，认识过程的价值标准，如追求真理、慎于判断等。我国学者突出强调核心道德品质的建构应关照人的"私人生活领域"和"公共生活领域"，并体现在生命个体的"处世""行事"和"立身"三大方面。

（三）爱国主义教育

小学爱国主义教育的内容主要有以下五个方面：

第一，帮助儿童从小培养热爱祖国的深厚情感。

第二，帮助儿童初步了解民族和国家两者的内涵以及民族与国家之间的相互依存关系，逐步树立起民族和国家意识。

第三，帮助儿童初步了解我国各民族和社会发展现状，引导儿童自觉地将自己与本民族及国家的利益结合起来；帮助儿童逐步树立为民族与国家强盛而努力奋斗的精神。

第四，教育儿童在热爱本民族与国家的基础上，正确地理解其他民族与其他国家的利益，帮助儿童逐步树立起自尊、友爱和合作精神。

第五，重视各民族的传统美德教育。

（四）集体主义教育

小学集体主义教育的内容主要有以下三个方面：

第一，教育儿童关心、热爱集体，成为集体的积极一员。

第二，用集体主义精神调节言行。

第三，初步了解个人在集体中的地位和作用，正确认识个人与他人、个人与集体之间的关系，并在此基础上培养起尊重他人与服从集体的意识。

（五）民主与法治教育

当前，我国正稳步推进政治文明建设的步伐，社会主义民主与法治建设不断完善。民主与法治既是现代社会的重要标志，也是重要保障。在培养现代民主社会的公民这一问题上，学校德育大有可为。民主与法治教育作为学校德育的重要内容，对于培养现代民主社会的公民意识和公民道德具有重要意义。民主与法治教育的主要任务是使青少年理解宪法是国家的根本大法，以宪法为基础的一系列法律法规是全体人民意志和利益的体现；了解我国的政治制度、经济制度和其他各项制度；增强国家观念和主人翁责任感，养成遵纪守法的习惯，在正确行使宪法和法律规定的公民权利的同时，忠实履行宪法和法律规定的公民义务，坚决维护国家利益。

三、我国小学德育内容的决定因素

德育内容的选择与设计，不是由德育工作者随意决定的，而是有其自身的科学根据。我们只有正确地认识德育工作的规律，才能科学地确立教科书的德育内容，从而完成德育任务，实现培养人的德育目标。

德育内容的编排要依据德育目标、学生身心发展的阶段性和思想品德发展规律、形势的要求和学生的思想实际情况，此外，还需遵循一定的原则，把它们有机地组合起来，由浅入深，由低到高，由近及远，由具体到抽象，由感性到理性，螺旋式上升，构建每个年级的德育内容，形成科学化、系统化、规范化、相对稳定的德育内容体系。

（一）青少年思想品德形成、发展的规律及心理特征

学生思想品德的发展规律决定了德育内容的深度和广度。德育内容有其稳定性和一贯性，但人的思想品德的形成、发展、变化，有着自己的特殊规律，其政治观念、思想道德的发展在不同年龄阶段表现出不同的特点。从个体思想品德形成、发展的规律来看，个体从小到大，逐渐形成的道德品质，不是同时、毫无次序形成的，而是遵循一定规律，按照一定的次序和水平，由低级到高级，由感性到理性逐渐形成和发展起来的，是一个波浪式前进和螺旋上升的过程。而且道德与人的知识经验、思维能力也有着直接的关系。这不仅体现在某种道德品质只有到一定的年龄阶段才有可能形成，而且体现在同样一种道德品质在不同年龄的学生中也有不同的内容和标准。

因此，由于年龄和身心发展水平的差异，不同教育阶段的受教育者所能接受的德育内容层次的高低、深浅和广度也就迥然不同。小学阶段是 6～12 岁，称之为儿童期，这是人的思想品德形成的初级阶段。其发展更多地体现在由不知到知、由不懂到懂、由不会到会的过程。在这一阶段，学生良好的思想品德的形成将会为他的一生的发展奠定坚实的基础。从思想品德发展的角度来看，小学生主要表现为幼稚性与可塑性、模仿性与易变性、自我中心性与缺乏自律性的特征。因此，德育内容的选择与设计，既要有一定的稳定性和连续性，也要适应学生身心发展的特点，遵循思想品德形成发展的规律，科学地设置相应的内容。

（二）国家的教育方针和教育目的

国家的教育方针和教育目的直接决定着德育内容的选择与设计。国家的德育目的是德育工作的出发点和归宿。德育内容则是依据德育目标的要求加以选择和设计的，是德育目标要求的具体展示，也是德育本质的直接反映。我国各级各类学校德育的总目标是，把全体学生培养成热爱祖国的，具有社会公德、文明行为习惯的遵纪守法的好公民。在这个基础上，引导他们逐步树立正确的世界观、人生观、价值观，不断提高社会主义思想觉悟，成为有理想、有道德、有文化、有纪律的社会主义现代化事业的建设者和接班人，并为他们中的优秀者在将来成长为具有共产主义觉悟的先进分子奠定基础。各个阶段的具体目标都应包括政治素质、思想素质、道德素质、法纪素质和心理素质等方面的要求，

以保证德育要素在各个教育阶段的完整性和连续性。要根据学生的年龄特点、知识水平和成长规律有所侧重，不可求全。同时，《义务教育品德与社会课程标准》在课程目标中也有具体说明，如在情感、态度、价值观方面要培养学生珍爱生命，热爱生活，养成自尊自律、乐观向上、勤劳朴素的态度；爱亲敬长，养成文明礼貌、诚实守信、友爱宽容、热爱集体、团结合作、有责任心的品质等。因此，德育内容的选择和确立要以德育目标、课程标准为主要依据。

（三）民族文化及道德传统

作为东方文明古国的中国，在漫长的历史发展过程中，形成和发展了相对具有稳定形态的、博大精深的中华民族传统文化。它是中华民族几千年来创造的精神现象的总和，它包含思想观念、思维方式、道德情操、礼仪制度、宗教信仰、风俗习惯、价值取向、科学技术等诸多层面的内容。它不仅在中国几千年的历史长河中光辉灿烂，而且在当代的教育教学中，尤其是德育教学中起了十分重要的作用。中华民族传统具有以下四个特点：崇尚伦理，自强不息；追求真理，辩证思考；倡导本源性的精神基础——孝道；具有独特的审美意识和人文精神。这些特点影响着学生的价值观、思维方式、道德情操及礼仪制度等。

中国共产党第十七届中央委员会第六次全体会议通过的《中共中央关于深化文化体制改革 推动社会主义文化大发展大繁荣若干重大问题的决定》指出：加强对优秀传统文化思想价值的挖掘和阐发，维护民族文化基本元素，使优秀传统文化成为新时代鼓舞人民前进的精神力量。党的十八大以来，习近平总书记从实现中华民族伟大复兴的中国梦及培育和践行社会主义核心价值观的高度，多次强调了弘扬中华优秀传统文化的重要意义。为贯彻落实党中央关于完善中华优秀传统文化教育的精神，教育部于 2014 年发布了《完善中华优秀传统文化教育指导纲要》，对中华优秀传统文化教育提出了明确而具体的要求。这些都对德育内容的选择具有十分重大的影响。中华优秀传统文化蕴含着丰富的道德修养内容，所倡导的许多道德规范和价值理念与现代德育相契合，是现代德育的宝贵资源。重视优秀传统德育资源的挖掘与阐发，有利于提高德育实效，推动德育创新。在中华优秀传统文化中，蕴含着丰富的德育方法资源，它们对现代德育创新同样会起到重要作用。

（四）时代与社会的发展需要

由德育目标和受教育者身心发展特点及思想品德发展水平所制约的德育内容是一些基本的、相对稳定的内容。在德育实践中还有另一类不稳定的或者说是多变性的内容，即由时代形势要求出发而确定的德育内容，这是由社会环境的动态性决定的。因为各个时期的国内外形势不同，党在各个历史时期的中心任务和方针政策也就不同，所以，德育内容也就应做相应的调整。我们要在继承和发扬优良传统的基础上，根据形势的发展变化，不断探索新的德育内容、方法与途径，增强德育的时代性与实效性，更好地为实现新时代的德育目标服务。

当前我国对外开放进一步扩大，为广大学生了解世界、增长知识、开阔视野提供了更加有利的条件，而时代的发展也向人才培养提出了新的思想道德要求。我们的德育要不断地改革、完善，其中也必然包括确立新的合乎时代、社会、人类和未来发展的德育内容。现代生产和科技的发展要求现代人具有新的时效观、空间观、人才观、价值观以及相互协作的精神等，这些现代人所必须具备的思想品德素质必然要反映到学校的思想品德教育内容中来，使德育内容能够体现时代的特征。此外，每个人面临的具体情况不同，对待生活、学习、事物等都会有各自不同的具体现实思想，这就要求依据学生的思想实际确立和编排德育的内容。

第三节　小学德育教学

一、德育教学的含义

德育教学是实现德育目标的有效途径，是将德育内容通过教师与学生的双边互动进行传递和生成的重要方式，也是引导学生认识自我、感知自我、形塑自我的主要途径。德育教学属于"教学"这一概念的下位概念，为了更好地认识德育教学的含义，我们首先来回顾一下教学的内涵。

"教学"一词最早见于《商书》中，但在《商书》中，教学只是一种教者先学后教，教中又学的单向活动，即强调"学"的活动。之后在《学记》一书中，"教学相长"被提出之后，教学才真正有了"教"与"学"的双向活动之义，但此时的教学和教育的含义又很相近。

"教学"一词的英语表达为 teaching，该词语与 learn（学习）属于同源派生出来的两个词。美国教育心理学家布鲁纳认为，教学是通过引导学习者对问题或知识体系进行循序渐进的学习，来提高学习者在学习过程中的理解、转换和迁移能力。王策三认为，所谓教学，乃是教师教、学生学的统一活动；在这个统一活动中，学生掌握一定的知识和技能，同时身心获得一定的发展，形成一定的思想品德。李秉德认为，教学就是指教的人指导学的人进行学习的活动。进一步说，指的是教和学相结合或相统一的活动。

可见，不同的学者对教学的界定都有着自己的认识和理解，但是从他们的界定中，我们不难发现这么四个共同之处：第一，教学是教师和学生的双边活动；第二，教学是围绕一定的目标和内容展开的；第三，教学是一种对学生形成影响的社会实践活动；第四，教学是一种人与人之间的交往互动的活动。

根据教学的含义，我们可以将小学德育教学界定为：小学德育教学是小学德育教师依据教学目标，围绕教学内容，遵循学生身心发展规律，通过引导学习者对德育知识和技能进行循序渐进的学习，以此引导学生形成正确的思想品质，并能够指导自己的行为的一种教与学相互统一的社会实践活动。

在这个定义中，我们需要关注以下四个关键点：第一，德育教学必须以德育目标为纲领，且所有活动必须围绕德育内容展开；第二，德育教学策略的选择除了要以目标的实现、内容的落实为前提外，还需要考虑学生的身心发展水平；第三，德育教学是一个双边活动，在活动中需要教师和学生共同参与才能达到目标；第四，德育教学是一种人与人之间交往互动的过程，在交往互动中掌握知识、陶冶情操、指导行为。因此，对德育教学的评价不能仅仅以学业成就测试为主，还需要辅以其他评价方式。

二、德育教学工作计划

德育教学工作计划是德育教学工作的起始环节，是德育教学工作能够顺利实施的前提保障。在管理学中，计划具有两重含义：其一是计划工作，是指根据对组织外部环境与内部条件的分析，提出在未来一定时期内要达到的组织目标以及实现目标的方案途径；其二是计划形式，是指用文字和指标等形式所表述的组织以及组织内不同部门和不同成员，在未来一定时期内关于行动方向、内容和方式安排的管理事件。而德育教学工作计划是指德育工作者根据学校内外部环境资源的分析，通过文字或图表的形式将某一时期内要实现的德育目标表示出来，并指明相关的行动目的、内容、方式、参与人员、活动安排等。

德育教学工作计划在德育教学工作中具有十分特殊的地位，它有以下四个性质：

（一）德育教学工作计划是为实现德育教学目标服务的

计划的实质是确定目标以及规定达到目标的途径和方法。因此，如何朝着既定的目标步步逼近，最终实现组织目标，计划无疑是教学活动中人们一切行为的准则。它指导不同空间、不同时间、不同分工的人们，围绕一个总目标，秩序井然地去实现各自的分目标。行为如果没有计划指导，被管理者必然表现为无目的的盲动，管理者则表现为决策朝令夕改，随心所欲，自相矛盾。结果必然是组织秩序的混乱，事倍功半，劳民伤财。在现代社会里，可以这样说，几乎每项事业，每个组织，乃至每个人的活动都不能没有计划蓝图。

（二）德育教学工作计划是德育教学工作活动顺利开展的前提保障，是组织、开展、监控教学活动的基础

计划不仅是组织、指挥、协调的前提和准则，而且与教学活动紧密相连。计划为各种复杂的管理活动确定了数据、尺度和标准，它不仅为教学活动指明了方向，而且还为教学活动提供了依据。经验告诉我们，未经计划的活动是无法控制的，也无所谓控制。因为教学活动本身是通过纠正偏离计划的偏差，使教学活动保持与目标的要求一致。

（三）德育教学工作计划具有相对的普遍性和秩序性

德育教学工作计划的相对普遍性是指任何的德育教学工作计划都有一些共同的特征，这些特征在所有的活动中均具有一定意义的普遍适用性。比如说任何的计划都需要有参与者，都要有活动的主题、内容、方式等。而德育教学工作计划的秩序性是指任何的德育教学工作都是有步骤、有安排、有顺序的。

（四）德育教学工作计划最终的目的是效率最大化

我们正处在一个经济、政治、技术、社会变革与发展的时代。在这个时代，变革与发展既给人们带来了机遇，也给人们带来了风险，特别是在争夺市场、资源、势力范围的竞争中更是如此。如果管理者在看准机遇和利用机遇的同时，

又能最大限度地减少风险，即在朝着目标前进的道路上架设一座便捷而稳固的桥梁，那么，组织就能立于不败之地，在机遇与风险的纵横选择中得到发展。如果计划不周，或根本没计划，那就会遭遇灾难性的后果。这在教学活动中也是同样的道理。教学工作计划能够为我们的教学活动指明方向，减少风险，以达到效率最大化，也就是教学目标的实现。

三、小学德育教学的形式与途径

（一）小学德育教学的基本形式

中国的道德教育形式主要是以开设专门的道德教育课程并辅之以经常组织学生进行课外辅导及社会实践活动。教学活动方式多样，如阅读、讨论、辩论、参观、调查、访问、游戏、角色扮演、模拟活动、两难问题辨析，以及撰写报告书、制作图表等，每一种活动都有其适用的范围和价值。进行小学德育教学时，强调切合实际地运用图书（包括教材及教辅）、报刊、图片、地图等文本资源，录音、视频等音像资源，博物馆、教育基地、图书馆、实验室、纪念馆、文化馆、自然和人文景观、各种社会组织和政府机构等。

小学德育教学的基本形式如下：

（1）讨论：讨论是最常用的儿童学习、交流活动形式，可以是小组的，也可以是全班的；可以是随机的，也可以是专门安排的。讨论活动能使儿童有机会运用多种方法表达自己的感受、想法，展示自己的成果，分享交流，锻炼表达能力等。

（2）资料调查：在成人的指导下，儿童通过图书、报纸、电视、电话、网络等途径收集资料是儿童自主学习的主要方式之一。可根据学习内容的要求、儿童的兴趣和水平进行组织与指导，确定搜集的目标和范围，将得到的资料按要求或以儿童熟悉的方式进行整理、利用、交流。

（3）现场调查：现场调查是指通过组织儿童到现场观察或与当事人交流，使儿童对所关注的问题通过亲身体验，获得直观的印象和更加深入的了解。调查活动中，要指导儿童用自己擅长的方式进行记录，对调查结果进行总结、归纳并相互交流。调查活动适用于熟悉环境、了解学校及周围的发展变化、革命传统教育等方面的活动。

（4）情景模拟与角色扮演：这类活动是为了让儿童获得某些难以身临其

境去学习的体验、经验、知识等，而有目的地创设某种情景，令其经历的仿真性演习活动。活动的关键是让儿童获得体验，演技好坏并不重要。如学习生活中待人接物的一般礼节、在紧急情况下的求助和自救、交通安全标志的识别与遵守交通规则、遵守公共秩序等方面的教育等都可利用这一形式。

（5）操作性、实践性活动：这类活动包括儿童自己动脑动手的小实验、小制作、饲养、栽培等活动，适用于开展科学探究学习、发展兴趣和操作技能、学习实际的劳动本领等方面的活动。小实验、小制作等类型的活动可安排在课堂教学中，也可作为课后的实践或专题活动进行。饲养、栽培等活动一般需要持续较长时间，应加强过程指导，并可与班级、学校的其他活动配合进行。

（6）教学游戏：这是在教学中所采用的带有"玩"的色彩而又与学习内容配合的活动方式。游戏是儿童有效的学习方式，对培养儿童的情感，让儿童体验集体生活的乐趣，理解规则、学习科学知识等是很有帮助的。

（7）参观访问：这类活动旨在充分利用各种校外教育资源，让儿童走出学校，到社会中去学习、实践，以开阔眼界、增长知识、拓展兴趣、增强实践能力。如参观烈士陵园、博物馆、科技馆、工厂、社区及其他社会设施，访问各种社会人士等。可在了解家乡的变化、进行革命传统教育和科学教育以及培养儿童的社会实践能力等方面应用这种活动形式。

（8）欣赏：这是一种以儿童的体验、感受为主要学习方式的活动。欣赏的对象可以是人文作品、自然景色，也可以是儿童喜欢或佩服的同伴或其他人物。例如，师生共同搜集某一专题的故事、绘画、照片、录像、电影等；师生通过欣赏雪景、星空、春色等感受大自然的美；儿童通过讲述同学的优点和自己的成长历程来欣赏自己和同学的进步；等等。

（9）练习：这是指针对某一项或某几项教育目标，进行有针对性的课堂练习或课后强化练习，以让儿童学会正确的方法，养成良好的习惯。如学会正确的坐、立、走姿势，学会正确的阅读姿势或刷牙方法，自己整理书包等。

（10）讲故事：讲故事是以故事情节或主人翁的形象去感染、教育儿童的活动方式。作为教学活动的讲故事可有多种形式，如可在课堂教学中穿插一个或几个故事，把讲故事与角色表演相结合，举行"故事大王"演讲会，等等。故事要有趣味性和教育性，让儿童能通过故事激发情感，领悟道理。

（11）讲授：这是以教师言语传授为主的活动形式。为让讲述生动、有效，教师应在充分了解儿童理解水平的基础上，尽量利用各种直观教具、故事和能够调动儿童积极性的方法。

（二）小学德育教学的基本途径

（1）思想品德课与其他学科教学。这是学校有目的、有计划、系统地对学生进行德育的基本途径。学校工作以教学为主，教学是学校德育的基本组织形式，这决定了各科教学是对学生进行德育的主要渠道。教师通过教学实施教育是通过传授文化科学知识实现的。学校把课堂教学作为学校道德教育的一个重要途径，除了特设道德课进行道德教育以外，还通过整个课程实施，把道德教育内容渗透到各学科的课堂教学中。各学科教学是教师在向学生传授知识的同时进行道德教育的最经常采用的途径。

（2）课外、校外活动。课外、校外活动是整个教育体系中必不可少的组成部分，它不受教学计划的限制，是对学生进行德育的一个重要途径，也是促进学生身心健康发展、培养其良好道德情操的重要途径。学校通过这个途径进行的德育符合小学生的特点和需要，能够充分调动他们的积极性。

（3）劳动。通过劳动，学生容易产生对劳动科学与技术的兴趣与爱好，激发出巨大的热情与力量，经受思想与行为的磨炼与考验，从而能够培养勤俭、朴实、顽强等优良品德。

（4）少先队活动。少年先锋队（少先队）、学生会是学生自我教育的重要组织形式，也是学校道德教育工作中最具生机的力量。其中，少年先锋队是中国共产党委托中国共产主义青年团领导的少年儿童的群众组织，是少年儿童学习共产主义的学校。学校通过这一组织进行德育，有利于调动学生的积极性和创造性，培养主人翁意识以及自我教育和管理的能力。

（5）班主任工作。班级是学校实施道德教育的基层单位。班主任工作是培养学生的良好思想品德和指导学生健康成长的重要途径。通过班主任，学校可以强有力地管理学校基层学生集体，教育每一个学生，更好地发挥上述各个德育途径的作用。

（6）心理咨询和职业指导。心理咨询是培养学生健康心理品质的有效途径；职业指导是发展学生个性、对学生进行理想教育的有效途径。

（7）校园文化建设。整洁、优美、富有教育意义的校园环境是形成整体性教育氛围的不可缺少的条件，学生会受到良好的熏陶和影响。

（8）家庭与社会。家庭对学生行为习惯的培养、品德的形成、个性的发展有着重要的影响。学校应主动与家长取得联系，相互配合、协调一致，提高道德教育效果。政府和社会各部门按国家有关法律和中央文件规定均应履行关心、促进和保护学生健康成长的义务。

四、小学德育教学的原则与方法

小学德育原则是德育理论和实践的一个重要问题，对德育具体实践有直接、现实的指导作用。本节在对小学德育原则进行概述的基础之上，具体探讨了小学德育应遵循的基本原则。

（一）小学德育原则

1. 小学德育原则的内涵

小学德育原则在德育原理中处于十分重要的地位。它是主观见诸客观，理论见诸实践的中介。把德育的基本原理运用到实际的小学德育工作中去，其中间必经环节即德育原则。小学德育原则是指根据一定的小学德育目的和对于小学德育过程的规律性认识，人们制定出来以指导小学德育教育教学实际工作的基本要求。它是教育者对受教育者实施德育时必须遵循的基本要求，是处理德育过程中一些基本矛盾和关系的基本准则。在培养学生思想品德的过程中，会出现教育者与受教育者、德育要求与教育者、德育要求与受教育者以及受教育者思想品德形成过程中知与行、内因与外因、个体与群体等多方面多层次的矛盾，德育原则就是根据德育过程的客观规律正确处理这一系列矛盾的基本要求或基本准则。

2. 小学德育原则与德育规律的关系

两者既相互区别，又相互联系。小学德育规律即德育内部所包含的矛盾关系。德育过程的进行、发展和提高，都是德育活动之中各种矛盾运动的结果。小学德育规律是客观存在于我们意识之外的东西，不管被反映与否，如何反映，如何表述，它都客观地那样存在着，人们能够发现、认识、掌握、运用它，却不能改变或废除它，更不能制造或创造它。小学德育原则即小学德育工作者对小学生实施德育时必须遵循的基本准则，是处理德育过程中一些基本矛盾和关系，提高德育质量和效果的基本性要求。它是根据教育目的、德育目标和德育过程规律制定的，是德育实践经验的科学总结与概括，具有强烈的目的性与实践性。小学德育原则对德育规律的反映不是直接的，而是需要借助德育原理（是科学工作者用名词、概念、命题来反映表述德育规律）的中介作用而实现的，也就是说小学德育原则不直接取决于德育规律，而是直接取决于对德育规律的主观认识。小学德育原则是德育规律的具体化反映，人们对于德育客观规律的主观认识不同，提出的德育原则也会有差异。而随着人们对小学德育客观规律认识的不断深化，也可能提出新的小学德育原则。

3. 小学德育的基本原则

小学德育原则作为德育论的重要范畴，其一方面是沟通小学德育理论与德育实践的桥梁与中介，另一方面也是促使小学德育矛盾向积极方向转化，进一步深化和发展德育理论的重要环节。它具有明显的历史时代性、继承性、主客观统一性、理论和实际的统一性、多样性和互补性等基本特征。在把握小学德育原则体系的次序结构与层次结构特性的基础之上，本书具体提出以下七大基本原则：

（1）导向性原则。

①基本含义。

导向性原则是指在小学德育过程之中，要有一定的科学性、理想性和方向性，以指导小学生向正确的方向发展，既要坚持以马克思主义为指导，高标准、严要求地教育学生，又要遵循社会主义初级阶段的现实需要和可能，做到实事求是，讲求实效，把思想性、方向性作为我国德育原则的首要特点，遵循科学性。

②基本依据。

德育过程是一个客观的、在一定程度上并不完全以教育者主观意志为转移的活动过程，它不仅成为科学研究的对象，而且也要求教育者按照这一过程规律去实施德育。要以科学的理论来指导德育过程，这样才会有德育过程理论的发展。因此，德育原则作为德育规律的具体化反映，其需要遵循导向性原则，以指导学生向正确的方向发展。

导向性原则是德育的一条重要原则，因为 6～12 岁的儿童小学阶段处在品德发展的形成阶段，一方面可塑性强，另一方面又缺乏社会经验与基本识别能力，易受外界社会等多方因素的影响。学校德育工作的构建需要符合教育目的、德育目标、德育任务的要求，符合我国政治、经济、文化、社会的发展要求，符合人类进步、科学发展和社会文明发展的要求，符合学生基本特点、身心发展和思想道德水平的要求。

2011 年我国开始新一轮的课程改革，中小学德育课程标准与教科书发生了一些新的变化，特别突出表现在核心的价值观层面，有了新的导向性，在价值取向上具体体现在：其一，更多突出强调生活取向的教育，突出强调中小学德育课以学生的生活为轴心展开教育，强调"以学生为本"的价值取向。《义务教育品德与社会课程标准》也提出，课程必须贴近他们的生活，反映他们的需要，让他们从自己的世界出发，用自己的眼睛观察社会，用自己的心灵感受社会，用自己的方式探究社会，并以此为基础，提升学生的生活。其二，淡化"人民教育"，强调"合格公民"培养取向的教育，鲜明地提出了培养合格公民的价值理念。《义务教育品德与社会课程标准》目标为：品德与社会课程旨在培养学生的良好品德，促进学生的社会性发展，为学生认识社会、参与社会、适应社会，成为具有爱心、责任心、良好行为习惯和个性品质的公民奠定基础。其三，摒弃"知性德育"，强调"践行模式"的价值取向的教育，鼓励学生在实践中进行积极探究和体验，通过道德践行促进思想品德的健康发展。

③基本要求。

坚持正确的政治方向，以马克思主义为指导。在开展小学德育活动过程之中，德育内容、方法、形式以及德育活动等都需要符合马克思主义，这是坚持正确的政治方向，坚持社会主义、共产主义方向性的根本要求和保证。

德育目标必须符合新时代的方针、政策和总任务的要求，强调促进受教育者全面发展的同时，认为德育是教育者按照社会要求，对受教育者施加影响以形成所期望的政治立场、世界观和道德品质的教育。德育的任务是引导学生树立无产阶级的思想政治观点和世界观，组织和指导学生的道德实践，培养学生的社会主义品质。

要把德育的理想性和现实性结合起来，摒弃"知性德育"，强调"践行模式"德育价值取向的教育。一方面，注重引导学生把日常学习、生活同建设国家、实现共产主义理想联系起来；另一方面，在德育工作之中关注知行相统一原则与基本要求，注重学生在体验、探索和问题解决的过程中，形成良好的道德品质，实现社会性发展。在德育过程之中，教育者注重以小见大，由近及远，就事论事，紧密结合国家建设的实际，从而教育学生从大处着眼，小处着手，立足当前，放眼未来，把国家、社会、理想融入自己的学习、生活各个层面。

（2）知行统一性原则。

①基本含义。

知行统一的原则也称作提高认识与指导实践相结合原则（理论与生活实践相结合），指在进行小学德育工作时，既要坚持马克思理论教育、思想政治法纪观念和道德规范的教育，又要引导学生进行实际锻炼，要把提高小学生思想认识与培养小学生养成道德行为习惯有机结合起来，使其言行一致，做到知行统一，促使学生知、情、意、行全面发展。

②基本依据。

这一原则建立在辩证唯物主义认识论原理和社会主义教育目的理论基础之上，符合小学德育过程基本要求，旨在促进学生在教师的教导之下能动地构建思想道德活动，培养学生知、情、意、行全面发展。

③基本要求。

理论学习要结合实际，切实提高学生的思想认识；学校在强调坚持马克思主义理论教育，注重"合格公民"培养取向的同时，需要根据小学生的生活环境、交往对象及身心发展特点，帮助学生认识自己与自己、个人与他人及集体的关系，并在此基础之上进行相应的规范、意识和行为教育。

注重实践，组织学生进行多种多样的实践锻炼，培养学生思想品德行为习惯；结合小学德育内容体系的基本内容，即心理健康教育、法纪教育、道德规范教育、思想教育、政治意识教育等相关内容，积极组织小学生参与开展各种实践活动、集体活动，对小学生进行实践教育，晓之以理、动之以情、导之以行。例如，可以在小学开展"以读养德，打造书香校园""以礼明德，弘扬传统文化""以仁善德、行善成为习惯""以行悟德，强化知行统一"等校园文化活动。为弘扬"崇文尚学"的优良传统，营造浓厚的好学上进氛围；为发扬中华传统文化精华，凝聚中华民族精神，将国学纳入校本课程；为引导学生积善成德，学会与人为善，坚持开展"日行一善，续写雷锋"日记活动；为引导学生"自己的事情自己做、集体的事情争着做、公益的事情积极做",促使学生从小事做起,一点一滴积累,主动养成良好习惯。

对学生道德品德的要求和评价,需要坚持知行统一、言行一致的原则。教师需要在具体德育工作中坚持师德为先的基本理念,在评价学生道德品德时,需要始终坚持知行统一、言行一致的原则。平等对待每一位小学生,不讽刺、挖苦、歧视小学生,尊重个体差异,主动了解和满足有益于小学生身心发展的不同需求等。小学教师的一言一行常常会被小学生记住一辈子,影响其一生。因此,小学教育是需要高度责任感和奉献精神的事业,小学教师要具有良好的职业道德,要有爱心,有耐心和细心,给予小学生健康的成长学习环境,善待每一位学生,做到言行一致,起到行为示范的教育作用。

（3）因材施教原则。

①基本含义。

从字面上来理解,"因"是依据、根据的意思;"材"是人的意思,这里指学生;"施"是实施、实行;"教"是教育教诲。因材施教原则是指在具体小学德育教学中,要求教师对每个学生的特点做出充分的了解,从学生的实际情况出发,找到每个学生不同的具体情况和个别差异（主要是年龄特点和身心发展特点方面的差异）,有针对性地采取不同的德育方式方法,进行不同的教育,促使每一位学生都能在各自原有的基础上得到充分发展。因材施教原则的理论基础是现代心理学,特别是发展心理学理论。还有学者从认识论、教育论和西方教育家的实践论三个方面论述了因材施教原则的理论基础。

②基本要求。

开展小学德育教育教学工作,如何做到因材施教基本原则,它要求德育工作者要考虑个体差异,处理好集体与个别、统一要求与发展学生个性两者之间的对立统一关系。在集体、统一要求下照顾个别,在面向大多数前提下照顾少数,反对机械化、个人主义自由化的德育工作。需要把握以下基本要求:

深入了解学生的个性特点和内心世界,根据个体的实际进行道德教育,深入细致地、重点和普遍地了解学生的实际道德发展情况,注重不同年龄和阶段下儿童的心理认知水平,以及性格、气质类型;采取有针对性的小学德育活动,促使集体教育与个别教育相结合、统一要求与发展个性相结合的小学德育活动的开展与实施。

根据学生个体特点有的放矢地进行德育工作，重点把握德育任务难度，做好适当安排，不仅做到"有的放矢"，更要做到"有的选矢"。根据小学生心理发展特点，把握学生的最近发展区、个人兴趣以及任务的难易程度，在德育内容选择上充分考虑学生实际情况。

根据学生的年龄特征有计划地进行德育工作，在选择德育任务、德育内容、德育方法等实际问题时，需要充分把握小学生年龄特征，以及品德形成存在的无律—他律—自律的客观规律。具体来说，在儿童思想品德形成的初级阶段，道德认识、行为规范的传授是必要的，随着年龄的增长、知识及阅历的丰富，儿童的道德判断力逐渐增强，要适时地进行多种形式的疏导，以引导儿童走向自我修养之路。

（4）疏导性原则。

①基本含义。

疏导性原则是指在德育过程中，要做到循循善诱，以理服人，用事实和道理进行正面疏导，启发学生，调动学生的内在动力和主动性，促使学生积极向上。

②基本依据。

疏导性原则的基本依据为：符合社会主义教育目的的基本要求，培养学生成为"有理想、有道德、有文化、有纪律的德智体美劳全面发展的社会主义事业建设者和接班人"；符合德育过程的基本规律之一，即受教育者思想内部矛盾运动的规律；德育不仅是受教育者个体思想品德形成的过程，而且是教育者的施教活动成功地引起受教育者思想品德变化的过程，促使学生思想品德朝着积极方向发展的过程。

③基本要求。

小学教师在开展德育活动过程中遵循疏导性原则，需要把握以下几方面具体要求：

一是平等对话，促使学生敞开心扉。所谓"疏"就是疏通隔阂，广开言路，展开教育主体与客体的平等对话，让教育对象在教育主体面前敞开心扉，将自己的意见、看法、要求进行充分表达，将不满情绪释放出来。首先，小学教师需要积极主动了解学生思想动向方面存在的常见问题及原因，分清楚问题性质，为开展疏导教育工作做预设准备。其次，小学教师需要学会运用技巧与方法，营造平等的、和谐的对话氛围，鼓励学生敞开心扉。最后，小学教师需要善于换位思考，懂得积极肯定、关心学生，尊重与信任学生，促使学生自我反思与进步。

二是循循善诱，以理服人。"导"就是开启和引导，在"疏"的基础上和过程中，循循善诱，开启思想，引导教育对象从正确的立场观念和角度去认识和分析问题，进而转变错误认识，提高思想觉悟；小学教师面对学生具体的思想和行为问题时，需要尽量做到摆事实、讲道理，循循善诱地提高小学生认识，促使小学生在启发教育之中，能够形成正确的是非观念，自觉地分清真假、善恶、美丑。严禁采取训斥或体罚的方式教训学生，以避免引发学生的逆反心理。

三是树立榜样与类型。小学教师在德育活动过程中，还需要树立榜样与典型，引导学生积极向上；建立起健全的、合理的规章制度，将说服教育与制度教育有机结合起来；尽量采取表扬为主、批评为辅的方式，促使学生在"疏"与"导"的过程中不断完善与进步。

（5）长善救失性原则。

①基本含义。

长善救失性原则，即在学校德育工作中，学生身上既有积极先进思想，又有消极落后思想，教师需要在德育过程中，一分为二地看待问题，充分调动学生学会依靠与发扬积极因素，并学会克服消极因素，长善救失、因势利导，促使学生品德发展内部矛盾的转化，促使学生品德健康发展。

②基本要求。

贯彻长善救失这一基本原则，作为一名小学教师需要把握以下基本要求：

一是学会一分为二地看待每一位学生，在德育过程中既要看到他们的缺点与不足，又要关注他们的优点与积极因素，启发学生在教师的帮助下，全面认识与提升自身。

二是根据学生自身特点，引导学生自觉评价自己，提升自我修养与自我教育能力。人的品德形成过程中有两种力量，其一是外在教育力量，其二是内在自我教育力量，而外在教育力量只能通过自我教育力量才能发挥作用，如苏霍姆林斯基所言：只有能够激发学生进行自我教育的教育，才是真正的教育。因此，发扬学生自身积极因素，克服消极因素，需要教师引导学生不断提升自身素质以及自我教育能力。

（6）平行教育原则。

①基本含义。

平行教育原则即集体教育与个别教育相结合原则。教师在德育工作中一方面要学会组织和培养好学生集体，依靠和通过集体对每位学生产生教育影响；另一方面又要注意个别教育，通过对个别学生的教育，影响与带动集体的发展，从而提高集体水平，提升德育工作的质量与效果。

②基本依据。

平行教育原则最早由苏联教育家马卡连柯提出，强调通过集体生产劳动来教育儿童以及在集体中进行教育的原则和方法。马卡连柯认为，集体是"具有一定目的的个人集合体，参加这一集体的每个人是被组织起来的，同时也拥有集体的机构"。衡量一个群体是否为集体，看它是否具有如下特征：共同的奋斗目标；健全的组织机构；正确的集体舆论；有一定的集体活动的原则。因此，集体不是单个人简单相加的总和，也不是一群人的偶然聚集。

③基本要求。

贯彻平行教育原则，需要小学教师在德育工作中认真落实"在集体中、通过集体、为了集体"这一集体教育原则，把握以下基本要求：

一是重视教育和培养集体，能够引导小学生关心、热爱集体，为建设良好的集体而努力；学会关注"在集体中"这一基本原则，将集体作为教育的基础，对学生的教育，应该在集体中进行，如果离开集体很难收到良好的教育效果。因此，要求教师发挥学生集体的教育作用，重视学生集体的培养，有方法、有策略、有途径、有组织地精心培养一个具有共同目标和正确集体舆论、良好风气、严格组织纪律、团结友爱的学生集体。

二是充分发挥学生集体的教育作用。重视"通过集体"这一基本原则，将集体作为教育的手段，教师充分发挥学生集体的教育作用，教师不是单枪匹马地仅凭个人力量去教育学生，而是凭借集体教育手段去充分影响学生。

三是将个别教育与集体教育结合起来，通过集体教育学生个人，又通过教育学生个人转变和影响集体。关注"为了集体"这一基本原则，集体不仅是教育的手段，还是教育的目的与对象。教育个人时，应当使整个集体也受到教育，学会用典型带动全面，促使每一个学生的个性都在集体中得到充分发挥与表现。

（7）教育影响的一致性与连贯性原则。

①基本含义。

教育影响的一致性与连贯性原则即在实现德育目的的过程中，需要有计划地将来自各方面的教育力量（学校、家庭、社会等）有机结合起来，并加以组织、调节，使其互相配合、协调一致、前后连贯地进行，以保障学生品德的形成与发展。

②基本要求。

苏联的马卡连柯曾经说过：一个人不能够一部分一部分地来教育，而是由人所受的种种影响的全部总和综合地教育出来。德育过程是在教师的指导下学生自身能动的道德活动过程，这一过程具有长期性与反复性等基本特性。贯彻这一原则的基本要求具体包括：首先，作为学校教育来说，需要保持校内各个方面教育影响的一致性，充分发挥学校德育的主导作用，成为学校德育的整体优势。其次，发挥学校教育主导作用的同时，使学校、家庭和社会对学生的教育影响互相配合，密切联系家庭与社会，统一协调各方面的教育影响，积极组织学生开展社会实践活动课程，培养学生道德思维与践行能力，优化外部环境作用与影响。最后，一方面做好各阶段和各方面教育的衔接工作，促使教育影响的前后一致与连贯性；另一方面要学会根据学生的身心发展特点，适时与适度提出要求，促进学生品德形成的连贯性。

（二）小学德育方法

德育方法是德育理论与实践中的一个重要问题，也是联系德育主体与活动的中介，在德育活动中起到桥梁的作用，不仅是德育目标的依托，也是开展德育活动的基本工具。因此，明确小学德育方法是开展小学德育活动的必要条件之一，本节内容在对小学德育方法概述的基础上，提出四类比较有代表性的小学德育方法分类，介绍小学德育教学之中常用的德育方法。

人们常常说教学有法，教无定法，贵在得法，而小学德育方法是"定法"与"不定法"两者的有机统一。所谓"定法"是指小学德育工作者经常言及、用到的基本德育方法，譬如集体教育法、个别教育法、说理教育法等，是开展德育活动的基础；"不定法"是指在开展德育教学活动中，灵活选用这些德育方法，使德育实践效果实现最优化的方法。贵在得法是指需要教师遵循"有法要学习，无定法靠智慧"这一基本原则，灵活开展小学德育工作，将其视为一门科学，一门艺术。一方面，说它是科学，是因为它包含一套技术程序，能加以系统地描述和研究，能加以传授和改进；另一方面，说它是艺术，是因为它需要天赋和创造性的反复实践。因此，作为小学德育工作者，德育方法的研究，是基础研究、应用研究与开发研究的"三位一体"有机结合。

何谓方法？作为"达到某种认识或实践目标的手段和方式"，其实质是以现实之道为根据，又规范现实本身，是根据事物运行的内在规律来干预其当下发展状态的一种艺术。小学德育方法是德育理论的基本问题，任何小学德育活动都需要借助一定的小学德育方法才能进行。关于小学德育方法的含义，国内代表性观点如下：①小学德育方法是指在德育活动中将师生关联起来，促使他们之间发生道德信息、道德情感、道德精神、道德行为的沟通和互动，最终实现师生道德共同发展的各种德育方式及其综合体。②小学德育方法是指为达到德育目的，实现德育内容，在德育原则的指导下，运用德育手段进行的教育者和受教育者相互作用的活动方式的总和。③小学德育方法是指在受教育者思想和道德主体人格建构过程中，为了实现德育目标、完成德育任务，教育者、受教育者共同参与德育活动所采取的各种方式方法的总称。

小学德育方法分广义和狭义两类。广义上，既包括教育者为完成德育任务、实现德育目标所采取的各种方式的总和，又包括受教育者为了提高自己的思想道德素质所采取的各种方式的总和。或者说，一是指教育者教的方法，二是指受教育者自我教育的方法。狭义上，仅指前者。

现代德育论强调，德育过程是师生之间在心灵参与、理解对话、双边交往中进行道德学习的过程。德育活动的本质是教师价值引导、学生自主建构、催生学生道德人格、实现师生道德共同发展的一种精神建构活动。德育活动由许多要素构成，如德育主体、德育目标、德育内容、德育方法、德育环境、德育管理等，整个德育活动就是这些要素在协调运转、相互配合、交互作用中达到预期的德育效果的过程。用比较通俗的语言来说，我们把小学德育方法定义为：为达到一定小学德育目的，实现小学德育内容，运用小学德育手段而进行的，由小学德育原则指导的，一整套方式组合的，师生互动作用的活动，如图 6-1 所示。

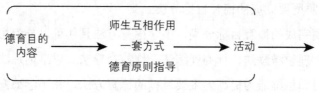

图 6-1 小学德育方法的定义

1. 小学德育方法的分类

20 世纪 90 年代以后，关于德育方法分类的研究问题逐渐进入人们视野。小学德育方法怎样分类？分成哪些类？这是现代德育理论和实践尚需认真深入研究的一个重要的课题。不同学者依据不同标准，对小学德育方法分类各抒己见，这里重点介绍以下四类有代表性的分类。

（1）按照德育方法抽象程度分类。

根据德育方法抽象程度，可以具体将小学德育方法分为两个基本层面，一是方法论意义上的小学德育方法；二是具体方法意义（操作意义）上的小学德育方法。

方法论意义上的小学德育方法包括：第一，启发法。承认人性的善良或道德教育在人性上是可能的，认为道德教育并非在于简单地告知，而是调动受教育者思维的积极性和能动性，在教师的指导下主动获得道德知识，发展道德能力。第二，塑造法。这一方法强调道德教育对个体道德成长的积极作用。第三，雕琢法。这一方法强调道德教育要根据对象的实际扬长避短地进行教育，道德教育要由小处着眼，次第进行。第四，树人法。这一方法强调道德教育应当是一种精神人格的整体培育活动，是一个需要日积月累、精心运作的工作。第五，系统法或综合法。这一方法强调对各种德育方法理念的综合协同。另外，还包括发现法和建构法。方法论意义上的德育方法实际上就是理念性的德育方法，它仅仅提供了一种方法上应当追求的原则，并不意味着一套具体的做法。

具体方法意义上的小学德育方法包括：以语言交流为主的方法；以直接知觉为主的方法；以实际训练为主的方法；以陶冶为主的方法。但是，由于现代德育对象思想的复杂性以及显示社会价值的多元性，在具体小学德育活动中很少只用到一种德育方式，需要结合小学德育教学活动采取具体的、可操作的小学德育方法。

（2）按照所要完成的德育目标分类。

按照所要完成的德育目标分类，小学德育方法具体可以分为思维训练法、情感陶冶法、理想激励法、行为训练法、修养指导法。思维训练法主要强调以道德知识学习和思维能力提高为主要目标的德育方法，在小学德育教学中常见的讲授法、谈话法、讨论法等都属于此类；情感陶冶法是通过设置一定的情境让学生自然而然地得到情感与心灵的熏陶、教育的一种方法，它的实施途径一般包括教师的爱、环境的陶冶、艺术的陶冶等方式；理想激励法是通过适当方式促进学生形成道德理想、信念，进行道德教育的一种方法；修养指导法（自我修养法）是教师指导学生进行道德上的自我修养，从而提升道德水平的一种方法。

（3）按照学校德育实施主体分类。

学校德育的主体即参与德育活动的人 —— 教师和学生。从道德学习者的角度来看，道德教育是教师的价值引导与学生的道德自主建构相统一的过程。因此，按照学校德育实施主体进行划分，具体德育方法包括两类：第一类是自我教育的方法，强调受教育者在自我意识基础上产生进取心，并向自己提出道德学习任务，具体包括自我认识、自我体验、自我控制、自我评价、自我修养以及自我批评等方法。第二类是教师指导教育的方法，强调受教育者在教育者的指导下达到预期的德育目标，具体包括说理教育法、榜样示范教育法、品德评价法、实际锻炼法等。

（4）按照多度性或综合性分类。

有学者将小学德育方法按照德育手段、师生相互作用方式、品德形成过程、德育过程、德育方法所具有的功能等多种角度，综合起来加以分类。按照多度性或综合性分类，德育方法可以分为以语言说理形式为主、以形象感染形式为主、以实际训练形式为主、以品德评价形式为主和以指导学生品德养成形式为主进行德育的五类方法。对前四类德育方法所反映的角度和顺序列表如表 6-1 所示。

表 6-1　前四类德育方法所反映的角度和顺序简表

方法类型	德育方法	德育手段	师生关系	品德形成过程	德育过程的环节及德育功能
语言说理	讲解、谈话、讨论、阅读指导	语言	教师为主	品德认识	提高品德认识
形象感染	参观、示范、陶冶	直观	学生半独立，教师半放手	品德情感	陶冶品德情感
实际训练	常规训练、活动锻炼	活动	学生独立自主	品德形成	培养品德形成习惯
品德评价	奖励、惩罚、评比、操行评定	反馈信息	师生结合，教师为主	品德考查	品德考查与评定，进行激励与抑制

总之，各种小学德育方法都具备特定的功能、适用范围和条件，即各自有其优点和局限性，且各种方法之间又是相互联系的，共同构成一个综合化的结构体系。因此，各类方法要配合使用，以充分发挥各类德育方法的综合整体作用和效能。

2. 常用的小学德育方法

在关注小学德育方法分类的基础之上，结合具体小学教学实际，从德育活动实施的主体出发，并结合德育手段（语言、榜样、情境、环境、体验、评价等）的不同，我们将常见的小学德育方法划分为三大类，即教师指导教育的方法、学生集体教育的方法、学生自我教育的方法。每一类根据所采取的德育手段的不同，又可以细化。

（1）教师指导教育的方法。

教师指导教育的方法重在强调在教师指导下学生实现道德发展与品德形成的德育目的的方法，从教师所采取的德育手段差异性上来看，具体包括说服法、示范法、陶冶教育法、实践锻炼法、品德评价教育法等。

①说服法。

以语言为主的说服法是小学德育活动中最常用的一种方法。它是指教师根据学生的道德认识发展水平和个性发展特征，借助语言向小学生提供道德事实、阐明道理，从而引发小学生内在道德认知冲突与矛盾，促使其形成正确价值观、道德观的一种德育方法，即我们俗话说的"言传"。说服法具有较强的针对性、指向性、启发性等特征，实质重在提供教育事实或教育道理来启发学生思考，促使学生积极接受教育。具体又可以细化为多种方式，譬如讲授法、谈话法、讨论法、参观法、调查法等。

但是在运用说服法时，需要把握说服的基本目的是让小学生心悦诚服，合理利用说服方式，尽量做到因人而异，以达到小学生品德形成与道德发展的目的。具体注意以下三个方面问题：

第一，学会把握说服的条件与时机。小学教师开展说服法，需要明确说服教育的基本前提条件，即学生是有理性思考的，而非"提线木偶"。教师在开展说服教育的过程中需要遵循客观的道理、事实、规范与主观人之间发生心理关联这一基本原则。

首先，学会把握内在条件，即小学生道德认知发展水平、认知方式、个性特征、个性需求等，以尊重学生认知水平、认知方式为基础，在满足学生个体发展需要的条件下，促使学生道德认知得到提升。其次，还需要注意以外在条件为支撑，即教师自身的关爱与情感投入、教育氛围与个体心理氛围、周围环境等的作用。教师想要促使学生心悦诚服地接受，一方面需要特别注重自身的情感投入与语言感染力，教师积极的情感投入会直接增强学生的关注度，语言的丰富程度也会影响到学生的投入状态；另一方面也要做到既有"言传"又有"身教"，以身作则，起到道德示范与引领的作用。最后，还需要把握关键时机，它是说服产生积极效果的必备条件，时机选择的好与坏直接影响道德说服教育开展的成败。学会把握时机，选择最佳时机，即当学生自己在原有的计划或者打算受到挫折而不能实现的情境下，教师开展说服教育则是转变学生态度，产生道德影响的绝佳时机。

第二，学会讲事实、讲道理、讲规范。小学教师在运用说服教育法开展德育工作的过程中，需要学会灵活地运用客观事实与道理，有效激发小学生的道德认知冲突，促使小学生发生价值观念的转变。讲道德事实就是需要教育者在开展说服教育过程中，以他人道德行为的结果为依据，通过饱满的语言传递一种道德行为结果背后所揭示的道理，为学生之后的行为提供参考依据的过程。讲道理，所谓道理，是指行得通的做法，通俗地讲即事物因果关系，被前人反复实践验证了的事实。讲道理强调要摆清事实依据，有理有据地告诉学生什么事情可以做、什么事情不能做，促使道理源于生活，又高于生活，从生活中出发，提升到哲理层面，通过通俗易懂的语言传递道理，促使学生转变原有道德观念、道德认知，形成新的观念。

第三，学会灵活运用说服方式，提高说服力。根据时间、地点、人物的差异性，在遵循因材施教德育原则的基础之上，根据德育目的与德育任务的差异性，学会灵活采取多种说服方式，增强说服力。常见的方式主要包括举例子、打比方、引用、比喻等。

②示范法。

示范法中的一种是指教师自身以其在日常教学与生活中表现出的良好道德行为、人格形象、处事方式等来作为学生的榜样，促使自身道德形象深入学生心灵，发生正迁移，并促使学生道德转变的德育方法，即"身教"；另一种是指教师通过他人（伟大典范、优秀学生等）的高尚思想、模范行为、优异表现影响学生品德发展的一种德育方法。在德育过程中，教师不仅要学会用自己的"言传"方式说服学生，还要注重以"身教"方式感染学生，促进学生健康人格的形成。而"身教"明显区别于"言传"，其最大的特点在于，前者是一种隐性的道德教育，一种全面、立体的道德教育，后者属于显性道德教育，一种仅限于语言层面、单通道式的德育。同时，教师除了亲自示范之外，也可以通过其他典型榜样示范的方式，促使学生在潜移默化中得到启发，在模仿与正向迁移的过程中实现道德提升。这一过程需要教师注意以下三个方面基本问题：

第一，关注示范过程中的"模仿机制"，促进学生知行统一。社会学习理论代表人物班杜拉认为，行为习得主要包括两种不同的过程，一种是通过直接经验获得行为反应模式的过程，即直接经验的学习；另一种则是通过观察示范者的行为而习得行为的过程，即间接经验的学习（观察学习或模仿学习）。以此理论为基础，道德示范过程其实质就是间接经验的学习、观察学习或模仿的学习过程。在这一过程中，需要关注个体的认知、行为和环境三个方面的作用，关注示范过程中榜样作用的发挥依赖于"模仿机制"这一基本原则，促使学生个体实现知—行—知的道德发展。所谓模仿是指个体自觉或不自觉地重复他人的行为的过程，它包括无意识模仿和有意识模仿、外部模仿与内部模仿。而在模仿过程中需要始终把握一个基本原则，即模仿需要是主体发自内心的、自愿主动的过程，而不是强迫性的，需要在积极的情绪状态下实现。

第二，把握示范法的基本种类，最大限度发挥示范作用。学校德育活动中常见的道德示范法具体包括以道德品行为主的德性示范、以人格魅力为主的人格示范及以精神品质为主的精神示范。教师需要关注自身的德行感染力，以提升自身的道德修养，一方面管理好自身的道德形象，以提升吸引力；另一方面在教师岗位严守师德规范，不断提高德性底蕴。作为一名小学教师，需要严格依据《小学教师专业标准（试行）》在小学教师个人修养与行为这一层面提出的基本要求：首先，做到拥有良好的品质，即富有爱心、责任心、耐心和细心，勤于学习、不断进取。其次，需要具有积极的性格，以乐观向上、热情开朗的性格感染每一位学生，以友好善良的态度，拉近与学生之间的距离，潜移默化地感染每一位学生。再次，要保持健康的心态，一方面按照教师职业角色的要求，不能把不良的情绪带入职场，以免影响正常教育教学活动；另一方面小学教师的示范性也要求教师面对各种情境保持平和的心态，成为小学生心理健康成长的榜样。最后，呈现文明形象，小学阶段是小学生规范语言习得的重要阶段，教师语言规范与否，直接影响小学教育的效果。

只有符合小学教师专业发展的基本标准与要求，才能够最大限度地发挥出小学教师的示范与引领作用。同时，小学教师还需要善于从日常校园生活与社会生活中观察与了解先进榜样人物的先进事迹，或者优秀学生代表的良好道德行为，起到间接示范的作用。

第三，从多维度出发，增强道德示范对学生的辐射力度。需要从榜样示范的有效性与科学性出发，多维度思考以增强道德示范对学生的辐射力度。具体包括五个基本指标：认知度、理解度、认同度、情感共鸣度、践行度。小学教师需要从这五个方面来增强自身道德示范的效果。

③陶冶教育法。

陶冶教育法是指教师有目的地与学生共建一定的德育氛围，创设一个良好的教育情境，进而对学生的思想、情感、行为产生潜移默化影响的德育方法。陶冶是一种暗示的德育方法，其最大的特点在于"润物细无声"，使学生在耳濡目染、不知不觉中受到熏陶与感染，产生长远影响。其具体包括人格感化、环境陶冶、艺术熏陶三类。

首先，人格感化是强调教师以自身高尚人格、真挚情感来感染学生，使学生心灵感触加深。这需要小学教师具备高尚的品德与情操、人格威望，做到全方位关心全体学生、尊重学生、公平公正对待学生、热爱学生，使学生直接体会到教师的关爱。其次，环境陶冶是强调教育者通过营造一种良好的学校文化氛围与精神文化环境，促使学生身临其境受到陶冶与熏陶。比如通过构建和谐的班级氛围、师生关系、生生关系，良好的校园环境、校风、学风等帮助学生形成正直、严谨、乐学、爱学、求善、求美的思想与情感。最后，艺术熏陶则是侧重突出通过音乐、体育、美术等多种多样的课外活动，从艺术层面促使学生潜移默化地受到启发与影响。需要注意的是，在采取陶冶教育法的过程中必须把握一定的科学性与思想统一性，对学生的品德形成起到引导与启发的作用；注意学生感性与理性的相互统一，在情感陶冶的同时，注重学生道德理性的培养；善于灵活运用多种途径发挥陶冶教育的实效性。

④实践锻炼法。

实践锻炼法是指教师通过各种各样的实践活动（如孤儿院、养老院、德育实践基地等），在行为实践中提升学生的认知发展，陶冶学生的情操，培养学生的良好意志品质，使学生坚定信念、养成良好的习惯，提升学生的精神境界的一种德育方法。其基本特点是通过寓教于乐的方式，在实践过程中增强学生的自觉性、积极性和主动参与性，培养学生知行统一、言行一致的良好道德品质。但是在具体实施过程中，教师需要注意以下两点：其一，实践锻炼开始之前，需要向学生提出明确且具体的实践锻炼任务。小学开展实践锻炼活动需要教师所提出的任务具体、明确、合理，才能有效增强小学生实践锻炼开展的具体效果，从而实现教师的具体实践目标。其二，需要教师加强对实践锻炼活动的全程指导。小学教师在开展实践锻炼活动教育的过程中，需要作为实践活动的组织者与协调者，参与到实践活动的每一个环节，及时给予学生帮助与支持。实践锻炼开始时，教师需要积极调动小学生参与实践活动的动机和愿望；在实践锻炼过程中，教师则需要时刻关注学生，发现学生的具体问题，帮助学生找到解决问题的方法；在实践锻炼结束后，教师则需要鼓励学生进行实践反思，促使实践活动达到知行统一、言行一致的德育目标。

⑤品德评价教育法。

品德评价教育法是指教师通过对学生思想品德的肯定或否定，促使学生发扬优点、克服缺点的一种德育方法。其手段与方式主要包括表扬奖励、批评处罚等，通过强化的方式影响学生道德行为。前者属于积极强化方式，重在肯定或鼓励学生某种良好道德行为发生的频率；后者则是一种消极强化的方式，尽量消除学生身上所存在的不良道德品行。运用奖励方式时，小学教师需要重点关注四个方面的问题：首先，需要认识到奖励的指向不仅是成功的结果，而且是获得成功的过程；其次，奖励出现的频率和程度要恰当，不能滥用，不能过高或过低地使用；再次，奖励要结合具体实际，灵活恰当地选择，注重形式的多样性；最后，注重奖励的根本目的在于促使学生形成良好的道德品质。而在采取批评惩罚方式时，教师同样需要明确惩罚目的，不能为惩罚而惩罚，应合情合理、公平准确、灵活采用惩罚手段，尽可能充分发扬民主，以获得学生群体支持。

（2）学生集体教育的方法。

学生集体教育的方法是指不断引导学生在参与集体活动的过程中从思想意识到行为习惯发生一定的变化与转变的方式与方法。具体常见的方法包括讨论法、公正团体法等。

①讨论法。

讨论法是指在教师的组织下，学生对德育事件、道德现象发表看法，开展辩论，各抒己见、寻求共识，从而促进学生道德认识、道德态度、道德思维能力获得发展的一种德育方法。讨论的目标是在讨论的过程中促使受教育者对现实道德问题进行思考，达到道德思维训练的目的。讨论法具体形态多种多样，比如交流谈话式、述评结合式、头脑风暴式、辩论比赛式等，其中最具代表性且较为经典的有苏格拉底的"产婆术"、柯尔伯格的"道德两难问题法"和奥斯本的"头脑风暴"。

在运用讨论法开展德育教学过程中，需要注意以下基本事项：首先，需要科学地组建讨论小组。高效的讨论小组以 6～8 人为宜，要坚持"组内异质，组间同质"基本原则，将不同道德经验、经历、背景的学生组织到一个小组，充分调动学生讨论的积极性与热情。其次，需要精心准备和设计，确定讨论或辩论的主题。讨论主题的确定需要遵循的基本原则是：注重实际，从学生道德实际发展水平出发，具有一定的价值性、真实性，符合学生最近发展的基本要求。最后，做好及时指导与有效总结。在讨论过程中，教师不再是主导者、控制者，而应该作为一名参与者、观察者、引领者，发扬民主，鼓励不同层次的学生积极参与到讨论过程中，拓宽学生思维与视野，创造条件满足每一位同学的沟通与交流，学会循循善诱，启发学生发现问题、解决问题。

②公正团体法。

公正团体法是指根据集体教育原则形成的，旨在促进学生的道德判断和道德行为统一发展的道德教育方法。它通过一个公正的生活共同体（合作性团体）的实践活动，在师生的民主参与的团体氛围下，实现团体成员自我管理和自我教育的目的，并在此基础上提升团体成员的道德判断水平，促发其道德行为。公正团体法通过师生的民主参与活动，创造一种公正集体氛围，促进个人道德发展，要求人数为 60 ～ 100 人，由专门的议事委员会、顾问小组、集体会议和纪律委员会等组织机构负责相关事宜。这一方法坚持公正原则、民主管理、道德氛围、集体教育，其根本目的是发展学生的道德决策能力与自律道德能力。所谓自律，是指即便在没有习惯和法律的条件下也能做出独立的判断和行动，就是将行为准则当作自身的法则加以内化而获得的自由。这种"公正团体"给学生创设一种群体道德环境，对学生要求自主决策、自觉践行、自我约束发挥重要作用，每一位成员在这一团体中具有强烈的团体精神与团体意识，而个人意识在此支配下也会有强烈的责任感和爱心。

（3）学生自我教育的方法。

学生自我教育的方法是指教师在教学或日常教育与管理过程中指导学生通过自我学习、自我反思、自我管理等方式不断提升自我认识、增强自我体验、合理进行自我评价与自我控制的一种德育方法。人的道德发展来自两种力量，一种是外在的教育，另一种是内在的自我教育，其中，外在教育只有通过自我教育才能发挥作用，就像苏霍姆林斯基所言"只有能够激发学生进行自我教育的教育，才是真正的教育"。学生自我教育的方法也是非常重要的德育方法之一，其常见的方式是自我修养指导法，学生从自我认知、自我体验、自我评价、自我控制四个基本维度出发，对自身的言、行、举、止进行客观判断从而产生情感体验的一种方式。

在具体进行自我教育方法的过程中，需要注意培养个体道德修养的自觉性，教师可以适时帮助学生制定程度适中、难度适中的修养标准与计划，从而减少学生的盲目性。具体可以通过多种途径，例如建议学生课外阅读有关书目，观看《感动中国》《今日说法》等节目；建议学生通过记日记、写读后感等方式，进行学习反思，将所见所闻记录下来，养成反思的好习惯；建议学生学会自我安排学习、生活作息时间，养成自我监督、自我检查的好习惯等。

第七章 小学德育教育的基本理论

第一节 小学德育教育与学生的个性发展

一、个性发展概述

（一）个性发展的含义

"个性"一词来源于拉丁语 personal，开始是指演员所戴的面具，后来指一个具有特殊性格的人。个性，在心理学中的解释是：一个区别于他人的、在不同环境中显现出来的、相对稳定的、影响人的外显和内隐性行为模式的心理特征的总和。

一般来说，个性就是个性心理的简称，在西方又称人格。由于个性结构较为复杂。因此，许多心理学者从自己研究的角度提出个性的定义。美国心理学家奥尔波特（G. W. Allport）曾综述过 50 多种不同的定义。美国心理学家吴伟士（R. S. Woodworth）认为："人格是个体行为的全部品质。"美国人格心理学家卡特尔（R. B. Cattell）认为："人格是一种倾向，可借以预测一个人在给定的环境中的所作所为，它是与个体的外显与内隐行为联系在一起的。"苏联心理学家彼得罗夫斯基认为："在心理学中个性就是指个体在对象活动和交往活动中获得的，并表明在个体中表现社会关系水平和性质的系统的社会品质。"

个性发展是指人类个体出生后直到青少年期个性（人格）的形成和发展过程。儿童的个性的发展主要是在学校集体中进行的。在有意识、有目的的集体活动中，儿童的自我意识有了进一步的发展，儿童逐步学会按一定原则独立地、批判地评价自己的言行。同时，儿童的道德意识开始发展起来，经过一系列发展阶段，其能初步理解和掌握社会道德原则的实质，并且用来作为评价自己和别人的行为的根据。

（二）个性发展与社会性发展的关系

儿童的个性形成和社会性发展是在社会化过程中实现的。社会化是个体在社会环境相互作用中获得他所处的社会各种行为规范、价值观念和知识技能，成为独立的社会成员并逐步适应社会的过程。社会化的过程就是儿童个性和社会性发展的过程。关于个性发展与社会性发展的教育价值取向方面，不同的文化和社会对两者的发展各有所偏重。

主张个人本位的理论认为，人的价值高于社会价值，把人作为教育目的的根本所在。个人本位论者主张教育目的的提出应当根据受教育者的本性，而不是从社会需要出发。他们认为，教育的目的在于把受教育者培养成人，充分发展受教育者的个性，增进受教育者的个人价值，评价教育的价值应当以教育对个人的发展所起的作用来衡量。主张社会本位的理论认为，社会价值高于个人价值，教育的根本价值是满足社会需要。社会本位论者主张，教育的目的要根据社会需要来确定，个人的存在与发展从属于社会，其发展必须服从社会需要，教育的目的就在于把受教育者培养成符合社会准则的公民，使受教育者社会化，保证社会生活的稳定和延续。

具体而言，我国的传统教育偏向发展人的社会性。从属于中国的传统教育只注重对人的共同的要求，个人从属于集体，不需要有个性，也不允许有个性。这种现象有其深厚的历史根源。从教育发展史考察，在某种社会形态里，占统治地位的意识形态对教育有着巨大的影响作用。在中国漫长的封建社会中，儒家的思想意识是占统治地位的意识形态，这种思想意识的基本特征和核心精神是"礼"或"礼治"。"礼"的内容是等级隶属关系。这种隶属关系要求个人克己复礼，修身、齐家、治国、平天下。

在这种意识形态支配下的中国封建社会的教育以维护封建社会的等级系统、培养封建治世人才为目的，以儒家经典四书五经为主要内容，并同科举制度紧密结合在一起。

中华人民共和国成立以来，我国的教育发生了根本性的变化，取得了伟大的成就。但从总体上看，教育还是更偏重人的社会性。

（三）个性发展的内容

小学阶段，儿童个性的发展主要有以下五个方面。

1. 自我意识的发展

儿童是在入学学习的条件下、在理解对别人和别人对自己的评价中认识自己的。正确组织起来的学校集体生活对儿童自我意识的发展起着重要的作用。

一是自我评价的独立性日益增长。小学中年级儿童开始摆脱低年级儿童以成人对自己行为的评价作为自我评价的标准的水平，他们对处理自己与成人的相互关系、与学校同学之间的交往关系以及对公共场合中应该遵守的各种规则，已有明确的理解。他们学会把自己的行为与别人的行为加以比较，并把对别人的评价作为自己行为的依据。这标志着儿童的自我意识的独立性开始发展。

二是自我评价的原则性逐步形成。小学低年级的儿童只能从外部行为和动作方面对自己或别人的行为进行评价。这种评价是比较具体的，且缺乏原则性。从中年级开始，儿童逐步学会以道德原则来评价别人和自己的行为。高年级儿童开始能对自己个性的内部品质进行评价，能从自己是否遵守纪律、诚实、有礼貌等道德品质上评价自己或别人的行为。

三是自我评价的深刻性的发展。小学低年级儿童自我评价的能力仍然落后于评价别人的能力。而且在评价自己和别人时，常带有片面性，容易只看到自己的优点和只看到别人的缺点。到了中年级，儿童的判断能力逐渐发展，逐步学会较全面地看待自己和别人的行为表现，并能初步地进行道德原则的分析。高年级儿童的自我意识更进一步发展，还表现在能认识自己行为的缺点，并能努力克服这些缺点。

2. 道德意识和道德判断的发展

儿童道德意识的产生以及运用道德意识自觉调节和支配自己的行为是从小学开始的，是在教育影响下和在实践活动中通过道德意识和道德行为不断经历矛盾统一的过程而逐步发展起来的。小学儿童的道德意识比较肤浅且表面化，尤其是低年级儿童，由于抽象逻辑思维能力较差，对一些抽象道德概念的认识模糊不清，容易混淆一些类似的道德概念。到中高年级，儿童才逐渐能区分是非，能比较正确地掌握一些抽象的道德概念，但理解水平还不高。由于儿童对道德概念还不能精确地、全面地加以理解，因而在道德评价上常常带有很大的片面性。低年级儿童最大的特点是容易从行为的结果来评价行为的好坏，而不考虑行为的动机；中高年级儿童则能根据行为的动机去判断行为的好坏。瑞士心理学家皮亚杰认为，9岁左右的儿童，大体处在由效果判断向动机判断的过渡阶段。日本成田公一的实验证明：在评价行为好坏时，小学低年级儿童多从效果出发，三年级居中，四年级开始主要从动机出发。中国心理学工作者关于小学儿童道德判断能力发展的研究表明：在社会主义条件下，中国儿童在小学四、五年级期间，对道德准则的理解已经可以达到较高的水平。在对道德原则的掌握上，儿童的道德判断从受外部情境的制约逐步过渡到受内心的道德原则、道德信念的制约。学校教育、教师的影响和家庭教育决定着儿童道德信念的产生及其深刻性和坚定性。

小学儿童由于对道德原则的理解不深，又存在强烈的模仿倾向，易受暗示，并且他们的意志尚不成熟，自制力较差，所以，在将道德意识转化为道德行为的过程中，经常会出现道德原则与道德行动脱节的现象，具体表现为言与行、认识与行动的脱节。对此，教育者要分析儿童言行脱节的原因，及时给予帮助。

3. 儿童性格的发展

小学儿童性格特征主要表现在对集体、他人和自己的态度三个方面。在对集体的态度上，初入学的儿童集体意识比较模糊；到中年级逐渐认识了个人与集体的关系；高年级儿童的集体荣誉感进一步发展，在认识个人与班集体关系的基础上，扩大到关心学校、关心祖国。在对他人的态度上，小学低年级儿童视教师和班主任为绝对的权威；到了中高年级，儿童对教师的尊敬和热爱，则以他们心目中区分好与坏的标准来衡量和选择。在对同学的关系上，低年级儿童常从外部相接近的偶然因素选择朋友；中高年级儿童开始以掌握的团结友爱的原则交朋友，以达到相互促进、共同提高的目的。在对自己的态度上，低年级儿童的自我意识逐步发展，表现为喜欢得到鼓励和表扬，不喜欢受批评，而且批评和表扬的作用也不易持久；中年级以后，儿童对自己的优缺点有了初步的认识，能进行初步的批评和自我批评，但有时会出现言行脱节现象；高年级儿童则已能初步分析造成自己优缺点的原因，对自己的态度评价的自觉性提高了，但有时也会出现评价片面、自满的情况。

4. 儿童兴趣的发展

小学儿童学习活动中的兴趣爱好是其兴趣的主要方面。在共同学习活动中，他们的兴趣发展的一般趋势是：从不分化的兴趣逐渐过渡到初步分化的兴趣；从对个别事物感兴趣逐渐过渡到对有关因果关系和规律性的知识感兴趣；从对简单、具体的作业感兴趣过渡到对复杂、抽象的作业感兴趣；从对课内读物感兴趣过渡到对课外读物感兴趣。

5. 儿童能力的发展

小学儿童能力的发展主要表现为学习活动中认识能力的发展。在儿童能力的发展中，文化背景和教育条件起着决定的作用。儿童能力的发展和兴趣的发展是紧密联系的。

二、思想品德教育与个性发展

（一）思想品德课对学生个性发展的重要意义

思想品德新课标以人为本，一切为了学生、为了一切的学生、为了学生的一切。这就要求承认学生的个体差异，了解、尊重、欣赏并发展学生的个性。可见，从学生的个性出发，坚持教育内容与形式的多样化、灵活性与个别化，反对教育的整齐划一与僵化，以维护个体的尊严，实现学生个性的自由发展，是以人为本教学理念的要求。

学校德育有利于强化学生的自我意识。个性是指个人具有的稳定的、综合的心理特征，是一个人基本的精神面貌。自我意识是个性的核心内容及其形成和发展水平的重要标志。自我意识尽管是主体内心世界的体现，但却是在一定的社会文化环境中，通过主体与他人的相互作用形成的。德育教育正是使学生从注重个人的形象在社会生活中的影响和作用出发，让自在行为转化为自觉行为，而使其在实践过程中逐渐强化自尊、自爱、自重、自主、自强、自信，使自我意识走向成熟。

学校德育有利于培养学生完整独立的人格。人格是人的性格、气质、能力等特征的总和，是个体的认识、情感、意志等心理活动的内化、沉淀和凝结。人格的完整性实质上是一个人的内心世界诸因素协调平衡的发展问题。德育可使人的气质变得温和，尊重别人，和别人合得来。因此，德育旨在培养一种独立且完善的人格。

人是需要发展情感的。当今社会出现了一种不正常的个性现象：一方面，对别人给予自己的情感值期望过高，出现"情感饥渴症"；另一方面，给予别人的情感值过低，出现"情感冷漠症"，对别人戒备、不信任，所谓无感动之心，无体谅之心，情感的理解力、感受力下降。而德育教育则使人的外在行为和内心世界完整，使个人与他人之间的关系协调，使之发展健康的情感，优化个性。

学校德育有利于发展人的个性才能。才能是一个人潜于内、表于外的个性心理特征，是顺利地完成某种活动所必须具备的心理特征。才能的结构是复杂多维的：在思维能力上表现为观察力、记忆力、想象力、创造力等；在认识能力上表现为理解力、判断力、辨别力、选择力等；在情感能力上表现为感受力、调控力、表现力等；在意志能力上表现为自控力、承受力、耐挫力等；在社会生活中又表现为组织力、协调力、交往沟通力等。德育教育有利于培养人的美好心灵和良好气质、风度，有利于促进人的交往和沟通，开阔视野，提升境界，而上述的才能正是在这美好愉快的交往和眼界的开阔中逐渐形成和发展起来的。

（二）通过思想品德课教学促进学生个性发展

1. 让教师的个性化教学成为学生个性发展的表率

教师教育力量的源泉在于教师的个性。常言道，"教学有法而无定法"，教师是学生个性发展的引导者、激励者。思想品德课教师应改变以往把教师当作道德权威、道德说教者的枯燥乏味的形象，在引导学生个性发展的同时，也要不断完善自己。教师不但要有丰富的理论知识，而且要结合学生生活的实际和思想品德课时政性的学科特点，开展个性化的教学，为学生个性发展营造良好的氛围，使教师的个性化教学成为学生个性发展的表率。

2. 让探究活动成为学生个性发展的平台

新版思想品德教材在每一个单元的标题之下均设有主题探究活动，其目的在于以主题统领整个单元的主要内容，安排任务型、课题式的作业，使之贯穿于教学全过程，实现内容活动化、活动内容化。这种探究活动有利于激发学生的学习动力，使学生在目标明确的情况下有针对性地对某一主题进行探究。在探究活动中，学生可以尽情舒展生命力，尽快动起来（动手操作、动眼观察、动脑思考），积极思考，展现自我，明辨是非，提高智慧，掌握独特的发现问题、分析问题、解决问题的方法，使学习过程成为学生展现自我、培养和塑造个性的过程。探究活动，发挥了学生的主体作用，培养了学生探求知识的能力和创新思维能力，使学生的知识得以深化，思想得以升华，个性得以形成。

3. 尊重学生的思想情感，创设民主平等的教学氛围

在思想品德课程教学的过程中，要尊重学生的思想情感。对学生要有高度的信任，相信他们对问题有自己的认识和见解，对学生要有适度的宽容。这样，学生在思想品德课上可以摆脱压力和束缚，不必担心主动学习会招致批评或嘲笑，也不必担心失败带来的压力。像赞科夫主张的那样，"让儿童在课堂上过一种积极的沸腾的精神生活"，为学生主体性发展创设良好的氛围和条件。

4. 建立以发展性为目标的评价方法

在思想品德课程中要重视发展性教学评价，避免按照原有的文化课程只重视考试分数的评价模式。发展性评价突出了每个学生起始水平的差异，不是把学生所取得的成绩同预定目标相比，而是与各自的起始水平相比，看进步情况如何。思想品德课程的评价不再仅仅是甄别和选拔学生，而是促进学生的发展，促进学生潜能、个性、创造性的发挥，使每一个学生具有自信心和持续发展的能力。这就要求教师用发展的眼光看待每一个学生，核心是重视过程的总评价。多种形式结合的评价方式、评价手段，使评价的诊断和发展功能在整个学习过程中，既反映学生全程学习结果，又成为促进学生发展的有效手段。

现在的思想品德课对学生来讲是比较枯燥的，在考试制度的规定中，思想品德课为开卷考试，学生对思想品德课也不够重视。要改变这种状况，就要开放课堂，将课堂主动权交还学生，在教学中培养学生开放、积极的态度。而对于课堂上学生的回答，不论对错都要积极做出评价，不能打击学生的积极性。要扩大多媒体教学在教学过程中的广泛运用，可以采用活泼的教学背景和贴近学生生活的案例来更好地引导学生投入课堂学习中，促进学生的个性发展。

在教学的过程中，要重视教师对学生的积极反馈，多对学生的学习态度与行为进行肯定性的、激励性的评价。可以说，学生将来的成功，很大程度上取决于老师的正确评价、积极鼓励和正面引导。因此，对学生的学习态度进行肯定性的、鼓励性的评价，对学生个性的可持续发展作用极大。在思想品德课程中，一定要克服应试教育抹杀学生个性的缺点，要关注学生个性全面与和谐的发展，使学生形成健全的人格，成为创新人才。

第二节 小学德育教育与学生的社会性发展

一、社会性发展概述

（一）社会性发展的含义

社会性发展是指个体社会生活适应性心理特征的发展。社会生活适应性心理特征的发展，表现在群体意识、社会交往能力、社会规范性行为等方面。社会性发展的过程也是个体的社会化过程，是由自然人到社会人的转变过程，社会中的每个人都必须经过社会化才能使自己学会在社会中生存发展所必需的行为规范、态度和价值观。在这个过程中，个体习得如何与他人交往，理解他人，掌握道德规范，融入社会生活之中。

（二）社会性发展的内容

社会性发展的内容较多，主要有以下三个方面。

第一，发展群体意识。一个人要能适应社会生活，必须重视社会人际关系，懂得人际关系的重要性，并且具有处理人际关系的本领。要善于与他人合作共事、和谐交往、相融共处，正确地处理好父母、兄弟、姐妹、夫妇、朋友、师生、同事等关系。

第二，发展社会交往能力。一个人要善于与人交往，首先，要有交往的兴趣和勇气。有些青少年性格内向，不愿意与他人交往，见生人就脸红耳赤，说不出话；还有些青少年性格孤僻，不愿意融入社会与他人。其次，在交往中要善于理解他人，善于与他人沟通；要善于辨别是非、善恶、真假、好坏。如果一个人不能区别善、恶，分不清好、坏，不能鉴别真、假，那么他在激烈的社会竞争中，是无法适应复杂多变的社会生活的。

第三，发展社会规范性行为。社会规范性行为的范围十分广泛，政治思想、风俗习惯、道德品质、法律规范、纪律原则等均与社会规范行为有关。一个人要在社会中与他人合作共事、和谐相处，养成良好的规范行为，遵守法律和社会道德是必要的，否则，会与他人处于矛盾之中，很难相容相处。养成这些习惯，遵守正确的社会规范的过程，就是个体群体化和社会化的过程。

（三）社会性发展的意义

社会性是人的基本属性。社会性发展对个体而言，其意义在于促进智力发展、促进良好个性形成、保证正常生活和身心健康等。

第一，社会性发展促进智力发展。人类很多知识都是在与社会其他成员互动之中习得的，人类的社会性发展就是在这种交往之中发展起来的。同时，社会性的获得又构成参与社会交往互动的重要基础。社会性发展有利于促进个人的成长，一定程度上对个人成才具有决定性意义。向他人学习，向典范学习，是个人学习最好的途径。荀子在《劝学》中说的"学莫便乎近其人"，其本来的含义是经典学习内容深奥难懂，学习需要教师的指引，今天我们引申为人学习最好的途径是向其他人学习。历史上许多对社会和人类做出过贡献的人，在青少年时代就善于向他人学习。"独学而无友，则孤陋而寡闻。"交往作为学习的途径，对促进智力发展有不可替代的作用。

人类的学习从来不是仅仅由学习者孤立、独自完成的，也不仅仅以书本知识为对象。随着信息社会的到来和终身教育概念的提出，近年来，理论界对学习问题的研究愈来愈深入，并在教育中倡导种种新的"交往学习"模式，诸如对话学习、讨论学习、合作学习、团队学习（学习共同体）等。

第二，社会性发展是一个人能够正常生活的基本保证，是个体心理健康的重要基础条件。社会性发展不健全的人，其心理是不健康、不完整或者存在扭曲的。良好的社会性发展既是一个人心理健康的重要前提，也是心理健康的重要标志。

社会性发展除了对个体发展具有重大意义，对群体社会也同样具有重要的基础作用。《学记》在开篇提及教育的作用与目的时，就提到"化民成俗，其必由学乎""建国君民，教学为先"，这里的教学就是社会性发展的重要途径。中国古代社会非常重视教化的社会作用，如董仲舒说："凡以教化不立而万民不正也。夫万民之从利也，如水之走下，不以教化堤防之，不能止也。是故教化立而奸邪皆止者，其堤防完也；教化废而奸邪并出，刑罚不能胜者，其堤防坏也。"所以王者"南面而治天下，莫不以教化为大务"。

（四）社会性发展的影响因素

影响儿童社会性发展的因素，主要有遗传、社会文化和社会形态、家庭、学校教育四个方面。

1. 遗传

遗传是指从上代继承下来的生理上的特点，如机体的结构、形态、感官和神经系统的特点等。这些遗传的生理特点，也叫遗传素质。遗传是人发展的生理前提，为人的社会性发展提供了可能性。

2. 社会文化和社会形态

社会文化和社会形态是学生社会性发展的重要影响因素。

第一，在不同文化背景下成长起来的个体，其行为都带着各自文化的烙印。美国心理学家富拉埃对印度和美国的儿童进行了行为方面的对比研究。研究发现，印度儿童善于模仿顺从的榜样，他们认为听话是好孩子的标准，而美国儿童则明显地对顺从的榜样很反感，顺从的榜样会激起他们的逆反心理，他们觉得一个孩子公开地表示服从成人的命令是不可思议的。

第二，社会大众传媒作为社会文化的一种表现形式，对学生的社会性发展的影响越来越重要。大众传媒是指人们用来进行沟通信息的各种通信与交往手段，包括报纸、杂志、书籍、广播、电影、电视、互联网等一系列能迅速传递信息的各种技术系统的社会设施。它的特点是传播迅速而定期，实用上的间接性、同时性和一定程度的定型性。大众传媒的作用正在社会生活的所有领域无所不及地渗透着，深刻地改变着社会的面貌，影响着人们的思想行为。大众传媒是社会文化思想体系中不可分割的一个组成部分，在社会各个领域发挥重要作用，成为影响社会中每个成员的意识和行为的重要工具。当然，社会其他方面的文化因素，也会对学生社会性发展产生各种各样的、不同程度的影响。在小学德育教育中，教育者必须考虑到种种因素。

第三，社会形态对学生的社会化也有很大的影响。例如，社会转型与变迁过程中形成的流动儿童与留守儿童，作为处境不利的群体，其在社会性发展方面表现出更多的不利状态。比如，在他们身上可以更普遍地发现学习困难、同伴关系不良、网络成瘾等现象。

当前世界各个国家和地区都在积极地采取提供教育机会、给予经济援助、社区积极介入、专业人员咨询指导等多种措施，有效地改善处境不利对个体可能造成的损害，力争使处境不利只是一种境遇性的发展不利，而不对个体终身发展造成稳定性的损害。在相对处境不利境遇下，对处境不利问题的社会支持需要得到加强，并应该针对不同类型的处境不利学生提出系统的预防和干预策略。在思想品德课程中，对于处境不利学生的社会性发展，应该给予更多关注，并采取一定的具体处理方法。

3. 家庭

家庭是儿童社会化的主要场所，学生社会性发展的最初影响主要来自家庭，且在其进入学校和社会后，家庭依然起到相当重要的影响作用。

首先，家庭结构是影响儿童社会性发展的主导因素。家庭结构分为传统大家庭、主干家庭、核心家庭。传统社会中以大家庭为主，常有三代同堂、四代同堂的现象，像《红楼梦》里面的贾府，第二代、第三代子辈婚后依然聚集在一个大家庭下，要维系传统大家庭的传承，儿童社会性发展往往侧重于子女孝顺、服从等品格发展。主干家庭通常包括祖父母、父母和未婚子女等直系亲属三代人。核心家庭则是由一对夫妻及其未成年或未婚子女组成的家庭。从传统大家庭到核心家庭结构，是现代社会发展的大趋势，主干家庭结构则介于两者之间。整体上对儿童社会性发展而言，伴随着家庭规模的缩小，父母的教育权重在加大，教育形式也更加自由灵活。

其次，子女数目多少同样是影响儿童社会性发展的重要因素。一般而言，儿童的社会性发展与性别、排行、间隔年龄、家庭中儿童的总数以及父母对待因素相关。通常兄弟姐妹有助于促进儿童个性和社会化的发展。子女数量的快速减少，特别是独生子女占比增加，对儿童社会性发展造成深刻影响。独生子女一方面得到充分的物质和精神照顾，安全感和归属感得到充分满足，在兴趣和爱好方面得到充分发展，多具有活泼、健康、积极、主动的良好品格；另一方面，由于缺少兄弟姐妹伙伴，独生子女的自我中心观念更重，这对其社会性发展有着负面效应。

最后，除家庭结构和子女数目以外，家庭的教养方式同样是影响儿童社会性发展的重要因素。家庭教养方式通常可以被分为权威型、民主型、放任型。权威型教养方式有助于儿童秩序规则的养成，但儿童的主动性发展通常受到抑制；民主型教养方式下，儿童通常能够兼顾主动性和规则性；放任型教养方式下，儿童社会规则养成缺乏，不利于儿童社会性发展。

4. 学校教育

学校是儿童进入社会的第一站，学校教育在儿童的成长过程中起着重要的作用，也是影响儿童社会化的重要因素。学校教育中对儿童的社会性发展产生重要影响的三个主要因素是班集体、教师、同伴关系。班集体是儿童在学校中的"家"，是儿童学习、游戏的主要场所；教师就是这个"家"中最权威的"引导者"，引导儿童的行为；而同伴关系对儿童发展自我、人格以及学习必要的社会交往技巧等都有帮助，是儿童社会化过程中不可缺少的一部分。

学习不良群体会在社会性发展方面遇到困难。根据国内现有的研究，可以将"学习不良"定义为：个体的实际学习成就与根据其智力潜能所能达到的学习成就之间的差异，这种差异达到一定标准时就是学习不良。解决学习不良儿童的问题，需要家庭、学校、社会多方面合力解决。从学校教育干预的角度而言，第一，需要建立良好的师生关系。教师要关心每一位学生，尤其对于后进生，要给予更多的关心、爱护和帮助，在学习上给予更多的指导，用真诚的关爱温暖他们的心灵，用鼓励激发他们的自信心和上进心，使他们相信：只要付出，就有收获。第二，给予学生合理的期望。教师对学生的期望会影响到学生的学业成绩及日常的行为表现。罗森塔尔对教师期望的研究揭示了教师期望对学生的广泛影响：教师根据以往的经验对学生形成不同的期望，这些不同的期望必然会影响教师对待学生的行为，对学生产生不同的暗示，影响学生的自我评价及行为表现。第三，进行积极的归因训练。归因是行为个体从经验中总结出来的有关人的行为与其原因相联系的观念或理念，它受到内在和外在诸因素的影响。心理学家研究表明，人们在归因过程中有明显的自我保护倾向：在成功的情况下，人们往往更倾向于内在的个人特征的归因；一旦失败，人们极少用个人特征来解释，而更倾向于归因到外在因素上。

二、养成教育与学生的社会性发展

养成教育就是使个体通过"示范—模仿"的方式，在早期发展中形成符合社会要求的稳定的行为方式的过程。

（一）养成教育的意义

孔子说："少成若天性，习惯如自然。"意思就是小时候形成的良好行为习惯和天生的一样牢固。近代英国教育家洛克在其作品中说道："儿童不是用规则教育就可以教育好的，规则总是被他们忘掉。可是他们一旦养成一种习惯，便不用借助记忆，很容易地、很自然地被接受了。"这些无非都在告诉我们一个事实，那就是培养良好的习惯是至关重要的。我国古代教育是非常重视养成教育的。朱熹把道德教育过程分为小学与大学两个阶段，认为"小学之事，知之浅而行之小者也"，在教育内容选择上应"教人以洒扫应对进退之节，爱亲敬长隆师亲友之道"。小学是要懂得做事的规范并亲身行之，通过学习人伦规范，博以礼、乐、射、御、书、数之文和践行心术之要、威仪之则、衣服之制、饮食之节的涵养，实现成人教育功效。"大学之事，知之深而行之大者也"，大学是在小学存养已熟的根基上，进一步明白规范的伦理道德依据，教育过程就是以"格物、致知、诚意、正心、修身、齐家、治国、平天下"为线索的学习，从而达到"明明德、亲民、止于至善"的道德境界，为实现社会理想而行动。这种小学与大学既相区别又相联系的养成教育过程，虽然缺少科学的工具价值意义，但却被中国古代道德教育的历史实践验证是具有实效性与合理性的。

朱熹继承了孔子关于"少成若天性，习惯如自然"的看法。他认为只要使青少年日常一言一行都能遵循一定的礼仪守则和规范去做，日子久了，自然会形成习惯，长大成人后就能遵守伦理纲常而不违。在朱熹看来，青少年德育最突出的特点是先入为主。他认为青少年思想单纯，最易受社会上各种思想影响，一旦接受了异端邪说，再教以儒家伦理道德思想就会遇到抵触。因此，在教育上首先要让儿童从小接触、熟悉、践行各种符合伦理的行为规范，在教育的内容上主要为"洒扫应对进退之节，爱亲敬长隆师亲友之道"，在儿童期就要通过学习和训练，让儿童先入为主，这样最后教育的结果就能做到自然而然。朱熹强调婴儿坠地之后，乳母之教尤为重要；长到 6 岁，要教以数目、方名等浅易知识。"人生八岁，则自王公以下，至于庶人之子弟，皆入小学，而教之以洒扫、应对、进退之节，礼乐、射御、书数之文"。朱熹主张家长对青少年必须严格管教，绝不能让其养成娇生惯养的坏习气，否则长大成人后顽劣凶狠之性难改。

王守仁是明代著名哲学家、教育家，心学的代表人物，他在儿童教育上也非常重视习惯教育的养成。王守仁的儿童教育内容主要是"歌诗""习礼"和"读书"。歌诗教育，既向儿童传授了文学常识，又陶冶了儿童的性情，培养了儿童健康、正确的情感体验，起到了寓美育、德育于智育之中的教学效果。习礼不仅能使儿童养成遵守礼仪的习惯，起到道德教育的作用，而且能使儿童以学习礼节的动作来活动他们的血脉，坚固他们的筋骨，达到锻炼身体、增强体质的目的，实现道德教育与体育的结合。读书能使儿童通过朗读来开发智慧、陶冶情操，实现寓道德教育于智育之中的效果，使儿童在接受知识、增长智力的同时，精神得到陶冶。实际上，在王守仁的儿童教育思想体系中，顺应自然的养成教育占据了相当大的比重。

在我国古代的经典蒙学教材内容中，都体现了以养成教育为主、养成教育为首的思想。如《弟子规》共有1 080个字，主要说明学童们的生活学习规范。首先，在日常生活中要做到孝敬父母，友爱兄弟姐妹；其次，一切言行要谨慎，要讲信用；最后，和他人交往时要平等仁和，要时常亲近有仁德的人，向他学习。以上这些是学习的根本，非做不可。如果还有余暇，更应努力地学习礼、乐、射、御、书、数六艺和各种经典，以及其他有益的学问。小学是大学的基础，大学是小学的提高，这就决定了蒙学教育的重点在于打基础，使儿童形成良好的习惯。因此，传统蒙学的道德教育基本是一种外在规范的养成教育。由于儿童心智未全，道德判断能力还不成熟，身心各方面还在快速发展的过程之中。他们极易受到外界的熏染。因此，道德教育应当及早进行，使儿童从小接受纯正的儒家伦理思想，以端蒙养之基，为今后成为圣贤之人打下良好的基础。由于儿童可塑性强，先入为主易于使儿童从小养成良好的行为习惯，渐至习惯成性。传统蒙学强调从生活细微处培养儿童的道德习惯。朱熹在《蒙童须知》开篇就讲道："夫童蒙之学，始于衣服冠履，次及言语步趋，次及洒扫涓洁，次及读书写文字，及有杂细事宜，皆当所知。"只有在小学阶段能够熟悉、习惯洒扫进退的礼节，长大成人后才能明白事理、通达事务。

总之，历代教育家的思想告诉我们，培养青少年良好的道德习惯是儿童道德品质养成的关键所在。

（二）养成教育的内容

谈起养成教育，一般认为主要包括学生的起居饮食、卫生习惯、学习习惯、劳动习惯、交往习惯等的养成，结合时代特点，还可以加强孩子的心理素质、创新精神、审美情趣等方面的培养。

1. 心理养成教育

心理养成教育是养成教育首要的、基本的任务与内容。人的学习能力及其他素质的提高，既包含智力因素，也包含非智力因素。在智力相当的条件下，成功的概率更受那些非智力因素的影响。心理方面的养成教育就重在此方面能力的培养。根据孩子心理的结构特点，家长应主要从四个方面培养孩子良好的心理品质：一要注意培养孩子动手动脑的能力，发展其思维能力和创造能力；二要培养孩子的爱好、意志、情感、信念等；三要鼓励孩子自尊、自重、自爱、自信，培养其自我意识；四要注意培养孩子良好的气质和个性品格。

2. 行为规范养成教育

日常行为规范的养成是养成教育的中心环节，所有养成教育的内容和理念都要通过行为规范习惯的养成这一环节得到落实。行为规范养成教育是心理养成教育的必然结果。良好的心理素质是训练良好的行为规范的基础和前提，养成这方面的良好习惯对孩子学会做人起着决定性的作用。对孩子进行行为规范养成教育：一要用社会的标准来规范孩子，二要用时代的要求来衡量孩子，三要继承并发扬民族和家族的优良传统。

3. 学习能力养成教育

随着社会现代化乃至后现代化的快速变迁，固有记忆知识的心智教育模式已经远远不能适应社会的快速变化，终身教育的思想和理念已广为大众所接受。学会学习，养成良好的学习习惯，成为养成教育之中必须被重视的主题。是否会学习可以说是素质教育成败的一个观察口，家长应引导学生学会预习、学会听课、学会思考、学会提问，尤其要注意培养孩子热爱学习的能力。

4. 创新精神养成教育

这是心理养成的一个内容，但又不能把它看成简单的心理品质。创新不仅是一种能力，还是一种习惯。让孩子在成长过程中和学习生活中养成多角度、发散性思维的好习惯，培养其敏锐观察的品质、怀疑挑战的精神，这对儿童的长期发展至关重要。随着国家现代化的进一步发展，培养孩子的创新精神和素质，是社会和时代赋予的教育使命。

5. 审美情趣养成教育

从人本主义的角度出发，审美的追求是人的终极追求，即超越功名利禄之外的纯精神追求。从心理学角度而言，这是人的最高层面的需要。古希腊就有博雅教育的传统，以培养儿童的审美和高尚理智。从现实主义的立场出发，审美情趣的养成也是非常必要的，审美教育对促进孩子智力的发展、能力的培养具有其他学科不可替代的特殊功能。教师和家长应该通过自己高雅的审美情趣去引领孩子多体会高雅、和谐、美好的美学精神境界。

（三）养成教育的基本要求

1. 临时提醒和要求并不足以使孩子养成良好的行为习惯

教师和家长应在与孩子定下约定之后，监督孩子达到良好行为习惯的标准。在这个过程中，可以采取心理学上的强化和惩罚的方法，帮助儿童纠正不良的行为习惯，养成良好的行为习惯。在孩子的行为习惯上不能随意放松，更不能任由孩子的坏习惯肆意发展。由于在有些习惯的养成上需要一定的训练，而任何训练的过程都有枯燥、单调的一面。因此教师和家长要扮演好监督者、提醒者的角色，帮助孩子养成好的行为习惯。训练需要一个过程，因为好的习惯往往需要较长的时间来巩固，不可能一蹴而就。在习惯的训练过程中，教师和家长要避免情绪化导致的放松或斤斤计较。

2. 持之以恒，坚持到底

捷克教育家夸美纽斯说过："一切存在美的东西，其本性都是在娇弱的时候容易屈服，容易形成，但是长硬以后就不容易改变了。""前紧后松""一曝十寒""三天打鱼两天晒网"等在习惯培养中都是不可取的。习惯的培养是一个持之以恒的过程。如果不坚持，今天训练、明天放假，行为就难以变成自动化的习惯。培养习惯是个长期工程，一个好习惯的养成，往往需要漫长的时间。由于人的行为具有惯性，在一段时间的训练之后，如果稍加放松，孩子的习惯就会出现反复，这就需要将行为习惯的养成作为一个长期教育的主题。

3. 掌握苦练与乐练相结合的原则

孩子养成良好习惯以后是非常愉快的，但要养成好习惯，把不经常出现的行为训练成经常出现的行为，有时候是一个枯燥和痛苦的过程，需要克服困难。由于训练过程往往要求枯燥、单调地重复。因此儿童需要具备一定的毅力来坚持。特别是已经形成的不良习惯，纠正起来就更加困难。不少教育案例告诉我们，坏的行为习惯养成后，不经过艰难的行为纠正，是很难改正的。虽然如此，我们并不提倡苦行僧式的训练，如果孩子光是苦练，过不了多久就会感到厌烦。所以，不妨苦练与乐练相结合，采取一些有趣的形式，如通过游戏、活动、竞赛、绘画等途径，不断变换形式来进行训练。

三、人伦教育与学生的社会性发展

人伦教育是关于基本人际关系的情感与规范教育。我国古代教育一直很注重伦理教育。虽然现代教育非常发达，特别是科学教育发展很快，智力开发教育、职业技能教育、专业理论教育等成为教育的主流，受到现代教育的高度重视，但伦理道德在任何时代都应该占据重要的位置。我国古代讲求五伦教育，这一传统源远流长。《孟子·滕文公上》说："人之有道也，饱食暖衣，逸居而无教，则近于禽兽。圣人有忧之，使契为司徒，教以人伦：父子有亲，君臣有义，夫妇有别，长幼有序，朋友有信。"《礼记·礼运》说："父慈，子孝，兄良，弟弟，夫义，妇听，长惠，幼顺，君仁，臣忠，十者谓之人义。"

孔子继承周公制礼作乐的传统教育模式，在教育上继承先王之道，将周公以来的以礼乐为核心的教育进一步发扬光大，开创了以《诗》《书》《礼》《乐》《易》《春秋》六经为教育内容的新教育传统。孔子教育中最重视的还是人伦教育，如他对齐景公说"君君，臣臣，父父，子子"是为政治国的根本；孔子对弟子时常以孝悌忠信进行教诲。孔子之后的历代儒家教育家都继承了孔子以人伦教育为重的思想。孟子直接提出学校教育的目的是"明人伦"，所谓明人伦就是"父子有亲，君臣有义，夫妇有别，长幼有序，朋友有信"，后世也称为五伦。《中庸》："君臣也，父子也，夫妇也，昆弟也，朋友之交也。五者，天下之达道也。"

朱熹主张学校教育的目的在于明人伦。他说："古之圣王，设为学校，以教天下之人。……必皆有以去其气质之偏、物欲之蔽，以复其性，以尽其伦而后已焉。"在朱熹看来，要克服"气质之偏"，革尽"物欲之蔽"，以恢复人具有的善性，就必须尽人伦。所以，他强调"父子有亲，君臣有义，夫妇有别，长幼有序，朋友有信，此人之大伦也。庠、序、学、校皆以明此而已也。"在《白鹿洞书院揭示》中，他也明确把上述五伦列为教育目的，置于首位。

从教育的目的在于明人伦的思想出发，朱熹严厉抨击了当时以科举为目的的学校教育。他认为："古昔圣贤，所以教人为学之意，莫非使之讲明义理，以修其身，然后推己及人。非徒欲其务记览，为词章，以钓声名、取利禄而已也。"然而，当时的学校教育却反其道而行之，士人"所以求于书，不越乎记诵、训诂、文词之间，以钓声名，取利禄而已"，完全违背了"先王之学以明人伦为本"的本意。他尖锐地指出，这样的学校"虽或不异乎先王之时，然其师之所以教，弟子之所以学，则皆忘本逐末，怀利去义，而无复先王之意，以故学校之名虽在，而其实不举，其效至于风俗日敝，人材日衰"。

古人的人伦教育，其目的在于维护上尊下卑的社会秩序和道德观念。现在的家庭教育和学校教育则相对淡化人伦教育。在竞争越来越激烈的今天，智力的价值越来越得到体现。不少家长都把注意力集中到如何开发幼儿的智力潜力方面，各种名目的智力开发课、技能培训班层出不穷，"不要让孩子输在起跑线上"的想法让家长无比紧张，就怕自己的孩子错过某项培训，落后于别人。

现如今，孩子智育教育的重要性得到高度重视，学校、家庭和社会都在关注孩子的智育教育，自然就忽视了品德教育。而品德教育的内容十分丰富，伦理便是其中的重要内容。

四、公民教育与学生的社会性发展

公民教育是社会个体成长为国家政治社会生活的成员过程的教育。公民教育可分为三个方面：一是"有关公民的教育"，强调对国家历史、政体结构和政治生活过程的理解；二是"通过公民的教育"，通过积极参与学校和社会的活动来获得公民教育；三是"为了公民的教育"，在知识与理解、技能与态度、价值与性向等各个方面培养学生，使学生在未来的成人生活中能够真正行使公民的职责。

公民教育在不同时代和不同国家有不同的具体内涵。最早提出并实施的是古希腊：斯巴达要求将奴隶主子弟培养成体格健壮、忠于邦国的勇敢武士；雅典除培养人的忠诚、勇敢品德外，更注意发展其智慧和审美力，以便公民参加雅典式的奴隶主民主社会生活。随着资本主义国家的形成和发展，一些资产阶级思想家，如黑格尔、费希特等都强调推行公民教育。德国教育家凯兴斯泰纳称德意志帝国为有最高价值的国家，主张一切教育的目的就是培养忠于这个国家的公民。不管其政治、宗教信仰如何，都要从意志力、判断力、精细性和奋斗性四个方面陶冶其性格，培养其精神，使他们为国家服务。他还将公民教与劳作教育相结合，以使每个公民具有为国家服务的技能。教学内容通常包括本国的国体、政体、法律常识、公民学等。有些资本主义国家除将公民教育、地理、历史、社会学等课程的内容整合成社会学科外，还通过组织学生参加校外活动等方式予以加强。

公民是指在一个国家内取得法律地位的人，它是伴随着近代民主宪政制度的产生而出现的。在中国封建社会，广大人民没有政治地位，被称为贱民、草民、小民、平民、臣民等。甲午战争以后，地方自治的思想开始传入中国。1902 年 2 月，梁启超在他主编的《新民丛报》创刊号发表《新民说》系列文章，他说："泰西政治之美"，观其省、市、村落、党会、公司、学校，"乃至观之一人，其自治之法，亦俨然治一国也"，其关键在于自治精神。他提出，中国改革维新，必自新民始，"新民云者，非新者一人，而新之者又一人也，则在吾民之各自新而已"；要求中国之"新民"，"上自道德法律，下至风俗习惯、文学美术，皆有一种独立之精神"和"国民独具之特质"，其内容包括国民的权利、义务、自由、平等纪律及公德、私德等公民意识。

中国于五四运动前后兴起公民教育。1919 年，全国教育会联合会提出编订公民教材案。1922 年，该会拟定的《中小学课程标准纲要》把公民教育列入中小学课程。1924 年，江苏省教育会、中华职业教育社等团体发起全国公民教育运动。1926 年，江苏教育会组织公民讲习会，制定公民信条：发展自治能力，养成互助精神，崇尚公平竞争，遵守公共秩序，履行法定义务，尊重公有财产，注意公众卫生，培养国际同情；议定每年 5 月 3 日至 9 日为公民教育运动周。至此，公民教育思潮盛极一时。

20 世纪二三十年代，中国民众普遍存在着愚、穷、弱、私四大问题。晏阳初针对这四大弊病，提出用四大教育来解决：第一，用文艺教育攻愚，培养知识力；第二，用生计教育攻穷，培养生产力；第三，用卫生教育攻弱，培养强健力；第四，用公民教育攻私，培养团结力。其中，"识字教育为起点，而以公民教育为正鹄"，生计教育与卫生教育是公民的物质保障和生理基础，可见公民教育已为我们近代以来教育家所重视。我国现在处在中国特色社会主义的新时代，公民教育的内涵当然更加丰富。增强全社会每一个人的公民意识，树立社会主义民主法治、自由平等、公平正义的理念，将为扩大人民民主、发展社会主义民主政治提供重要支撑。

第三节　小学生品德培养的基本观点

21 世纪是科技竞争的时代，更是人才竞争的时代。今天在校的小学生，以后将逐步进入社会，成为我国社会主义建设的主力军。这一代孩子多数是独生子女，他们稚嫩的肩膀背负着沉重的负荷，而他们未来能否挑得起全面建设社会主义现代化国家的重担，这是每一个教育工作者应该严肃思考的问题。根据前文对认知主义、情感主义和行为主义品德发展的理论梳理，结合小学生的年龄特点和我国传统德育存在的问题，我们认为，小学生的品德教育应该重视道德情感的陶冶和道德行为的养成。

一、重视道德情感的陶冶

在传统的道德教育中，人们重视道德认识，轻视道德情感，主要表现在以下两个方面。第一，从德育内容来说，只重视各种既定的德育原理以及与之相应的观念。一切思想道德教育内容都是出自对人性善的追求和需要，它所规定的只能是人与人之间的合乎道德的关系；对于这种关系的把握，只能建立在人与人之间情感相融的基础上。当规范、准则背离这一情感基础时，任何规范都会成为"空壳"，受教育者无法从这种规范中领悟到思想道德教育的根本内涵，也就无法真正提高自己的思想道德水平。第二，从德育过程来说，要求受教育者简单、被动地接受，把德育过程等同于智育的认识过程，造成德智分离。如果把对道德知识的把握简单等同于德育的情感过程，那么，贯穿于德育过程的往往只能是对概念的记忆以及反复练习等方式。而德育是人与人的情感交流，只有经过人的自我意识的构建才能形成个体的德性。上述德育模式造成了思想道德教育理论与实践的双重情感缺失。过于工具化、理性化、知识化的教育，严重贬损了受教育者的情感生命世界，使受教育者的道德成长失去了最根本、最重要的心理支撑，导致了道德教育的狭隘性、封闭性，影响了受教育者道德素质的全面提高。

正因为情感缺乏已经成为道德教育的顽症，所以提高德育的效能更应该从寻找缺失的道德情感入手。从本质看，道德强调人们的自觉约束，真正的道德行为是从情感出发、出于人们自愿的行为。因此，德育应该重视培养人们良好的情感，使人的语言、行为习惯等变为其内心感受和动机的一部分。德育必须经过由外到内、由内到外、不断内化、不断外化的循环往复之后，受教育者良好的思想道德才可能形成。

从发生学的角度来看，道德的发生离不开情感。如果只是在课堂里讲道德，思想道德教育就无法避免低效甚至无效的后果。许多教育者自身缺乏情感、信念的投入，只是例行公事地向受教育者讲解、传授道德规范，这样的教育，不会培养出受教育者自觉的道德意识。道德的发生，离不开教育者与被教育者之间的情感投入与交流。情感是生命中最核心、最个性化、最不易伪装的东西，是生命的重要标志，当然也是道德教育的重要标志。

从过程看，情感是个体思想道德信念形成的有效途径，其具有感染性的特征。因此，德育工作者要将情感融注于教学过程之中，通过潜移默化，动之以情，最后达到晓之以理的教育目的。纵观古今中外的德育史，可以清晰地看到这样一条基本线索：在任何社会，当把情感从德育中抽离出来，只剩下道德原则、道德规范的知识传授时，德育就从根本上丧失了魅力。因此，改革这种传统的缺乏情感的德育模式，把道德情感培养作为德育的核心目标，是构造有魅力的德育的关键所在。近20年来，我国一些教育实践工作者和教育理论工作者在主体性教育思想的指导下，积极开展培养学生情感素质和道德情感素质的研究，形成了许多富有价值的情感教育模式，如愉快教育模式、爱的操练模式、审美建构模式等。

二、重视道德行为的养成教育

《中国教育改革和发展纲要》中指出："要重视对学生进行中国优秀文化传统教育。对中小学生还要注重进行文明行为的养成教育。"养成教育是对学生行为指导与良好习惯培养的一种模式。小学生的模仿性和可塑性强，儿童时期是一个人道德行为习惯形成的最佳时期。因此，"养成教育"是对小学生进行思想品德教育的主要途径。从做人的一言一行抓起，逐步养成说话有礼貌、办事有分寸、行为有规范的习惯；从自尊、自重、自强、自信、自律开始，逐步养成爱同学、爱老师、爱父母、爱身边的人的感情；从爱自己的物品开始，逐步养成爱自己的课桌椅、爱教室、爱学校、爱家庭、爱家乡、爱祖国的感情；从遵守课堂纪律、学校规章制度开始，逐步养成遵守社会公德和国家法律的习惯；从关心和爱护班级，并为之做贡献开始，逐步养成集体主义的观念和品格。

总之，素质教育完善的关键在学生的养成教育，养成教育是教育学生学会做人的基础教育。

从心理学的角度来看，如果我们能够长期地对学生进行严格的训练，就会在孩子的头脑中建立起一系列条件反射，形成道德行为上的高层次的定型，使养成教育获得最佳效果。教书育人是教师的职责，每一位教师，尤其是班主任，应该懂得养成教育的重要性，掌握养成教育的方法。行为实践在养成教育中至关重要，反复的行为实践会使学生形成一种行为定式。

成熟的班主任都十分重视学生良好行为习惯的养成。一位有经验的班主任深有感触地谈到他重视塑造学生行为习惯的做法与体会：他每接一个新班，与别人不同的是，他不去特别关注学生的分数，也不忙于强化知识的传授，而是把工作的重点放在学生良好行为习惯的养成教育上，从要求学生的站姿与坐姿开始，从点点滴滴的小事做起。他把对学生良好习惯的培养，作为班主任工作的"拳头产品"，很多学生都从这项产品中受益终身。这位班主任的成功经验值得借鉴。

道德行为的形成和发展是个复杂的过程，是多种因素和途径协调作用的结果，需要长期实践的磨炼。为了达到这一目的，在小学阶段，我们必须根据《小学品德新课程标准》《小学德育纲要》《小学生守则》《小学生日常行为规范》的精神对小学生的行为训练做具体的安排。要使少年儿童健康成长，使他们成为合格公民，关键是要抓好学生的养成教育，使学生通过学习和实践，逐步掌握种种良好的行为方式，逐步养成良好的习惯，让学生终身受益。这正是教育的根本职责。

我国著名教育家叶圣陶先生曾说："教育是什么？往简单方面说，只须一句话，就是要养成良好的习惯。"在他看来，对于人的培养来说，知识的传递是必不可少的，但更重要的是习惯的培养、实际的应用。有人作过这样的比喻：孩子的心田是一块奇怪的土地，你播下思想的种子，就会获得行为的收获；你播下行为的种子，就会获得习惯的收获；你播下习惯的种子，就会获得品德的收获；你播下品德的种子，就会获得命运的收获。真正的教育不在于训，而在于实行。如果我们忽视行为实践，不引导和要求学生切实付诸行动，思想品德教育就没有生命力，学生就容易养成言行不一的恶习，从而背离教育目标。

三、要把思想品德教育融入生活世界

杜威认为，道德和道德教育并不能独立存在于我们身临其境的生活世界之外，任何脱离生活的道德教育都无异于在岸上学习游泳，都必将是无效的，甚至是对人的异化。陶行知先生指出"生活即教育""教学做合一""为生活而教育"。苏霍姆林斯基也说过："孩子在他周围——学校走廊的墙壁上、教室里、工作室里看到的一切，对于他精神面貌的形成都具有重大的意义。这里的任何东西都不应随便安排。"教育部颁发的《基础课程改革纲要（试行）》强调："改变课程内容'难、繁、偏、旧'和过于注重书本知识的现状，加强课程内容与学生生活以及现代社会科技发展的联系""改变课程过于强调学科本位、科目过多和缺乏整合的现状"。

道德来源于生活并体现在生活世界之中，如果脱离生活就会丧失生命力。因此，德育是关于人格的、生命的、完整生活质量的教育，它必须与生活交织、融合在一起。亚里士多德认为，作为人生目的的生活应该是高尚的，是好的。换言之，人不是为道德而道德，培养道德的目的是过上一种道德的生活。南京师范大学道德教育研究所的高德胜博士提倡进行一种"生活德育"，他将"生活德育"表述为"从生活出发，在生活中进行并回到生活的德育"，具体而言包含三层含义：一是道德教育的出发点是生活而不是道德概念、道德原理或道德理性能力。二是道德教育的目标不能脱离生活，定得太高。因为道德教育与其他教育一样，都存在"最近发展区"，道德教育的目标应该让学生经过努力能够达到，如脱离生活，高于"最近发展区"，反而会降低学生"从善"的欲求。三是道德教育的目的是回归生活，引导学生过美而善的生活，无论是道德还是道德教育，都是为了人的生活而存在的，即它们要向人们揭示本来可以使人们拥有哪些美好生活的可能。教育的终极目的是使人作为个体存在和社会存在以合理的方式展开人生、体现人的生命和生活的意义，获得人生的幸福和美满。

"生活化"是将学生从抽象、虚拟的课本中解脱出来，给学生感受自然、社会、事实、事件、人物、过程的机会，使学生在与现实世界的撞击、交流中产生对世界、对生活的爱，从而自发地、主动地去关注社会、关注生活，包括教育活动的生活化、教育评价的生活化等各个方面。小学德育课堂教学生活化是指在小学德育教学中，从各个年级学生的生活经验和已有生活背景出发，联

系自己的生活实际融合德育，把德育知识生活化。体现"德育源于生活，寓于生活，为生活服务"的思想，以此来激发学生的学习兴趣，学会用生活化的方式去观察、分析现实社会，去解决日常生活中的问题。继而在德育教学中，让学生从熟悉的生活情景和感兴趣的事物出发，让学生在周围的事物中学会感悟、品味，在生活经验的基础上，在主动的活动中建构自己的德育内涵。

有学者曾经做过这样一个精辟的比喻：将 2 克盐放在你面前，无论如何你都难以下咽，但将它们放入一碗鸡汤中，你就在享用鸡汤的同时将 2 克盐全部吸收了。生活世界之于德育，犹如汤之于盐。盐需溶入汤中，才能被吸收；德育也需融入生活中，才能具有生命力。认识到生活世界中所蕴藏的道德教育的巨大潜能，乃是道德教育打破长期以来自我禁锢于知识传授和理论推演的状态，提高道德教育有效性的反思性成果。在现实道德生活和交往活动中，学生体验着各种各样的利益关系，逐渐学会与他人相处，使自己的道德主体意识和能力不断提高。体验学习与个体的道德成长之间存在天然的内在联系。因此，德育教师应从现实生活出发，以学生的视角来关注社会生活，选取社会生活中有价值、有意义的话题，在德育中增加具有生活气息的情境，以知觉、感染、融入等形式使学生产生心理体验。在心灵的震撼中，在被激发的内心冲突中，自觉调整道德认识，积淀情感体验，引导学生对他所面对的生活世界进行感悟、理解。

第八章 小学德育教育主体

本章主要介绍小学德育中的两个主体，即小学教师和小学生，以及小学德育中的师生关系。在介绍作为德育主体的小学教师部分，从论述小学教师是德育主体出发，进一步讨论小学教师的德育地位、德育角色以及德育素养三个问题。在介绍作为德育主体的小学生部分，分别讨论小学生是道德学习的主体，有关儿童道德发展的理论，以及学生品德发展的一般规律。最后，本章将介绍小学德育中的师生关系问题，分别讨论小学德育师生关系的内涵，良好的小学德育师生关系的特征，以及构建理想的小学德育师生关系的策略。

第一节 作为德育教育主体的小学教师

小学德育工作离不开小学教师。小学教师承担着促进小学生思想品德发展的重要使命。正确对待小学教师在小学德育中的地位和作用，是科学有效地开展小学德育工作的前提。我国各级教育主管部门一直提倡和要求学校努力构建"全员全过程全方位育人"的育人体系。"三全育人"体系需要充分发挥小学教师的育人作用，使得小学教师能够在与学生日常交往的全过程中，时时处处地落实德育工作，保证德育工作的实效性。

一、小学教师是德育主体

在小学德育工作中，小学教师是一个活跃的、人的因素，具有工作的积极能动性，因而居于主体性地位，发挥主体性作用。小学教师能否意识到自己的德育主体性地位，承担起德育的主体性责任，直接决定了小学德育工作的根本成效。此外，小学的客观环境是否有利于小学教师发挥主体性作用，能否为小学教师履行德育职责提供保证，也是影响德育工作的重要因素。

小学教师作为德育主体应该包含三个方面的意蕴，笔者分别从小学教师的三重身份强调了小学教师的主体性地位和作用。

（一）所有的小学教师都是德育主体

小学教师以"教书育人"为主要职责，"教书"只是手段，"育人"才是目的。从这个意义上讲，小学教师不能仅仅把自己看作一个教学人员，更要认识到自己是一位教育工作者，承担着培养和促进小学生成长与发展的重要使命。因此，所有的小学教师都承担着德育工作的职责，利用一切时机促进小学生的思想品德发展。但在实际工作中，对小学教师作为德育主体，还很多人持有错误的认识。特别是不少小学教师认为，学校德育工作是学校分管德育的副校长、政教主任、政教干事、少先队辅导员和班主任的事情，只有他们才承担小学生的德育职责，普通教师只有教学的职责。很多小学教师在自己的教育教学工作中，对于发现的小学生思想品德问题不闻不问，甚至视而不见。

关于"所有的小学教师都是德育主体"的观点，正确的理解是，虽然小学教师的工作任务分工不同，但无论承担什么角色任务的小学教师都是德育主体，这是由教育活动的有意识地培养人的本质所决定的，也是由教师的教书育人根本职责所决定的。教育的本质在于有意识地培养人，就是使受教育者从一个自然人逐渐转化为社会人，在人的自然属性基础上附加社会属性，要帮助受教育者形成一定社会的道德人格并遵循一定的道德规范，古今中外的教育无不把培养人的品德作为首要的任务。而且，教师的教书育人职责要求教师不但要做"经师"，而且要为"人师"。小学教师要能"以德立身、以德立学、以德施教、以德育德"，坚持教书与育人相统一、言传与身教相统一，争做"四有"好教师，全心全意做学生锤炼品格、学习知识、创新思维、奉献祖国的引路人。

所有小学教师都是德育主体，落实在工作中体现在两个主要方面。一方面，小学教师承担着一定的课程教学任务，在教学过程中应贯穿思想品德教育的目标和内容，发挥课堂主渠道的作用，以润物无声的方式促进小学生思想品德的健康发展。另一方面，小学教师在与小学生的课外交往中，在小学活动的组织和指导中，在帮助小学生解答成长困惑中，在对个别学生进行学业辅导中，以及在其他任何方式的师生互动中，都要树立培养小学生思想品德的意识，促进小学生人格品质的健全和完善。

（二）小学学科教师负有德育责任

课堂教学是对小学生进行思想品德教育的主渠道和主阵地。因此，小学学科教师负有德育责任。正如赫尔巴特所言："我想不到任何无教学的教育，正如相反方面我不承认有任何无教育的教学。"从这个意义上讲，教学活动中必然包含着对学生施加德育影响的成分。因此，小学德育也只有融于课堂教学，才能获得强大的生命力，真正对小学生的思想品德产生积极的促进作用。这就自然地赋予了小学学科教师肩负的德育责任，要求小学教师在传授知识、培养能力的同时发展学生的思想品德。

小学学科教学与道德教育具有内在的联系。小学各学科教学的知识内容本身，为小学生思想品德的形成和发展提供了科学知识的载体。任何学科的知识教学，都暗含着一定的德育价值。学科教师在传授知识的同时，理应深入挖掘知识本身所蕴含的育人价值，使教学的品德教育功能得到充分发挥。所有小学学科课程教学都应该从目标的设定到具体内容的选择、教学方式方法的设计等方面考虑如何融入有利于学生人格完善、道德成长的因素。事实上，学科教师一旦失去对学生的道德成长的关注和引领，教学就很容易沦为乏味的知识传授和枯燥的技能训练，丧失其育人的根本价值。教学与道德教育的内在联系，要求小学学科教师负有德育责任。

教学与德育的融合不仅是必需的，而且是可行的。自我国基础教育新一轮课程改革实施以来，小学各科的课程标准都以"三维目标"为基础全面提出了对小学生在知识与技能、过程与方法、情感态度与价值观等方面的基本要求。这意味着小学学科教师必须在教学过程中，实现对小学生的德育目标。新课程还要求教育教学回归学生生活，教师在真实的教育生活中作为道德表率，言传身教，为学生的道德发展起到榜样示范作用。

此外，小学学科教师还能够通过与小学生之间建立民主和谐的师生关系，以及营造富于道德感染力的课堂氛围等方式，对小学生良好品德的形成产生积极作用。

（三）小学班主任工作要以德育为先

小学班主任不只是小学班级管理的责任人，更是小学日常思想道德教育和学生管理工作的主要实施者，是小学生健康成长的引领者，班主任要努力成为小学生的人生导师。因此，小学班主任工作要以德育为先。

关于班主任的职责与任务，2009年教育部颁布的《中小学班主任工作规定》

明确要求：班主任要全面了解班内每一个学生，深入分析学生的思想、心理、学习、生活状况；关心爱护全体学生，平等对待每一个学生，尊重学生人格；采取多种方式与学生沟通，有针对性地进行思想道德教育，促进学生德智体美劳全面发展；认真做好班级的日常管理工作，维护班级良好秩序，培养学生的规则意识、责任意识和集体荣誉感，营造民主和谐、团结互助、健康向上的集体氛围。在小学班主任的全部职责中，必须坚持育人为本、德育为先，即德育工作居于首要地位，必须得到优先考虑。

班主任作为班级的组织者、教育者和指导者，对于学生的全面成长负有义不容辞的责任，对学生的品德发展具有举足轻重的作用，是专职的德育工作者。班主任工作头绪多、细节小、任务繁，班主任老师应对自己的职责与任务有清醒的认识，作为学校开展德育工作的骨干力量，班主任在处理各项事务的过程中，应始终坚持"德育为先"的教育理念，将品德教育贯穿于各项教育活动中去。

二、小学教师的德育地位

小学教师到底处于学校德育工作的何种地位是一个基本的德育理论问题，对小学德育工作起到思想理念的指导作用。讨论小学教师的德育地位，有助于明确小学教师在德育工作中应发挥什么作用，以及怎样发挥自己的德育作用。

关于教师在德育过程中的地位问题，中外教育思想中历来存在三种不同的观点，即道德权威论、价值中立论和调和论。

（一）道德权威论

教师德育地位的道德权威论认为，教师是道德权威，掌握着向学生传递道德观念、解释道德规范的内涵、判断行为的道德标准等权力。因此，在学校德育过程中，教师和学生分别处于道德约束和被约束的地位。教师拥有绝对的道德话语权、命令权，甚至是惩戒权。而且，教师作为社会的代言人，在向学生灌输一定社会的道德观念和规范的过程中处于绝对支配地位。

在中外教育史上，都有对教师道德权威论的坚定支持者。中国古代思想家荀子认为："礼者，所以正身也；师者，所以正礼也。无礼何以正身？无师，吾安知礼之为是也？"

在西方，英国的洛克和法国的涂尔干都是主张教师道德权威论的代表。洛克说："至于道德价值和规范，做导师的人应该随时灌输给他，应该用尽一切办法使他懂得，使他彻底信服。"涂尔干则认为教师是社会的代言人，应当具有高尚的道德人格，也应该是道德教育的权威。他说教师是"社会与儿童之间的中介人，是社会强制儿童的代表者""正像牧师是上帝的解释者一样，教师也是他所处的时代和国家的伟大道德观念的解释者"。

教师在德育过程中的道德权威论观点，在中西方历史上都长期占据学校德育的主流观点，这是受当时人们的保守的思想观念决定的。教师的道德权威论虽然对于古代学校德育的初步探索，对于一定社会道德观念的传播，都起到了积极的作用，但是，这种强调教师的道德绝对权威地位，在德育方式上过分地注重采用道德灌输，不利于学生自主、自觉的道德品质的形成和发展。

（二）价值中立论

教师德育地位的价值中立论认为，每个人都有自己的道德观念和价值选择权，每个人的道德观念和价值立场都应该得到尊重。因此，教师在进行道德教育过程中应该保持价值中立的立场，不应该把自己的价值观念强加给学生。道德教育的主要任务应该是在尊重学生的道德自主选择权的前提下，引导学生逐渐澄清和发现自我的价值立场。从本质上说，教师价值中立论，是指教师在道德教育过程中采取一种价值相对主义的立场，因而在德育过程中应保持价值中立，是具有儿童中心主义倾向的一种德育观念。

古希腊哲学家苏格拉底是教师价值中立论的古代西方代表人物，他总是强调自己是以"无知"的态度出现在学生面前，然后引导学生积极思维追问自己的道德结论。在整个师生互动过程中，苏格拉底不会向学生传递任何知识，而是通过对学生的观点进行反问，帮助学生不断逼近真理。苏格拉底的这种以反诘法帮助学生对一个概念进行追问的形式，被称为"精神助产术"。

美国的价值澄清学派和英国的课程理论家斯滕豪斯是教师德育地位价值中立论的主要代表。价值澄清学派作为德育理论流派的一种，主张应在学生的价值观形成过程中，通过分析和评价的手段，帮助学生减少价值混乱促进同一价值观的形成，并在这一过程中有效地发展学生思考和理解人类价值观的能力。因此，学生价值观的形成不是灌输而是通过澄清的方法，在评价过程中实现的，是通过选择、赞扬和实践过程来增进富于理智的价值选择的。斯滕豪斯也旗帜鲜明地指出，现代价值教育过程中的教师角色应实现由"权威角色"向"中立角色"的转变，学生的道德自主性应得到最大程度的尊重。教师保持价值中立的立场，一方面可以避免教师将自己的价值观强加给学生；另一方面也可以为学生自主形成个人的价值观念创造时空条件。

教师德育地位的价值中立论，虽然充分肯定了学生在德育过程中的自主性，对教师德育地位道德权威论的极端错误观点起到了修正的作用，但是教师德育地位的价值中立论要求教师放弃道德教育的立场和责任，不利于学生获得一定社会提倡的道德规范，以及主流价值观的形成。因而，这种观点会在很大程度上导致教师作用的弱化，使得学校德育陷入道德虚无主义的泥潭。

（三）调和论

随着教育思想史的丰富和发展，人们越来越认识到：德育过程中教师地位的道德权威论和价值中立论，都是分别走向了两个极端的观点。事实上，现代教师的角色在不断变化中，这在一定程度上表明教师在德育过程中的地位也在不断变迁。在权威主义的观点下，人们认为学生道德发展的本质就是学会运用意志力量服从外在权威的过程，教育者或教师就是社会权威的代表者。学生要绝对地服从教师，教师在德育过程中的权威地位毋庸置疑。然而，一味地把教师作为权威，以教师为中心，在一定程度上忽视了受教育者或学生的独立性和创造性。与之相反，价值澄清学派则认为教师不应提倡某种道德观点，而是让学生掌握价值澄清的技巧，自行选择价值观点。教师对学生的价值判断不介入也不加以评论，但可以回答符合价值标准的词语的意义等问题。这种价值中立说以学生为中心，意味着学生无须敬重任何权威，教师只是帮助学生澄清自己的价值观，完全作为中立者，促进学生德育发展。价值中立说有利于学生道德自律能力的培养，但教师不干预道德教育的内容，这种绝对的中立很难，也不利于德育过程的深化。

教师德育地位的调和论观点认为，应该将教师德育地位的道德权威论和价值中立论进行折中，既要发挥教师的价值引导作用，不能放任学生道德的自由发展，又要尊重学生的自主性，培养学生的道德发展自觉性。美国实用主义哲学家、教育家杜威认为，教师作为社会的代言人，应该为社会负责。因此，教师在德育过程中的地位和作用应该得到重视和肯定。但是，这并不意味着教师可以无视儿童的道德实际需要和道德学习自主性。教师的作用在于为儿童的道德成长营造良好的社会性环境，做儿童道德发展的引导者和指导者。

教师作为教育者，既应该理直气壮地发挥权威指导作用，又要始终注重培养个人道德自律能力，把儿童接受指导的需要与人类道德自主性的要求结合起来。一旦时机成熟，教师就应赋予学生自主选择道德原则、决定行为规范和判断道德是非的权力，并且能够按照道德方式勇敢地创造和表达新原则、新规范、新观念。教师是学生的向导、指导者、领导者，也是道德价值的学习者和活动的组织者，与此同时，教师的工作应当以促进学生的品德发展为中心。我们既要警惕教师的"权威"，也要避免对学生的"放任"，既充分尊重学生，又注重教师的价值引导，有利于良好的师生关系的发展，从而实现德育的有效性。

教师作为德育活动中"价值引导"的主体，其作用在于调动学生的积极性，使学生充分地享用德育的效果。在具体的德育实践中，强调教师外在的"教"怎么促进、怎么转化成学生内在的"学"，这是一个复杂的过程。作为价值引导的主体，教师与每一个具体的学生和学生群体相交往时，他需要自己去理解、把握、设计和进行由他主持的教育活动，需要发现、选择、利用已有的各种知识去调动学生内在潜力的方法。也只有在这样的时候，教师才不会仅仅成为规定要求的执行者，而且成为教育活动的自主创造者。这意味着教师在教育引导中的主体地位是无法替代的。在设计和组织德育活动中，教师通过富有生命性、教育性的创造活动，把教学资源中各种丰富的养料和血液输送到学生的心灵世界，产生共鸣，从而促进学生品德的发展。

三、小学教师的德育角色

小学教师承担着立德树人的根本任务，因而在学校德育中扮演着重要的德育角色。小学教师的德育角色主要体现在如何通过学校德育活动促进小学生思想品德的发展。

（一）小学生思想品德的培养者

随时随地地培养小学生的思想品德是小学教师进行德育的主要工作。小学阶段是一个人的启蒙阶段，对小学生进行品德的启蒙教育，具有至关重要的奠基作用。《周易》有"蒙以养正"的说法，表明了童年时期进行正直品德教育的重要性。小学教师在日常工作中能够发现小学生思想品德发展中存在的问题，可以直接对小学生思想品德发展进行纠正和指导，也可以通过集体德育活动实现小学生思想品德培养的目的。小学教师作为小学生思想品德的培养者，其应该积极承担小学生思想品德教育的职责，守护小学生的道德成长和发展。

（二）小学生道德成长的守护者

小学生正处于人生的起步阶段，他们在道德成长的过程中必然会存在很多困惑和迷茫的时候。小学教师应关注小学生的道德成长需要，帮助小学生走出道德迷雾，成为小学生的人生导师。特别是关于小学生的人际关系、品德情操、心理卫生、思想状况等方面的问题，小学教师应做到有所准备，积累经验，熟悉情况，以应对随时出现的小学生道德成长个案。小学教师承担的所有这些工作，要求小学教师扮演好小学生道德成长的守护者角色。

（三）小学生道德学习的示范者

小学教师作为小学生道德学习的示范者，要能够"言传身教"，主动完善和维护自己的道德形象，以道德榜样的角色引领小学生的道德学习。小学教师至少应从三个方面完善自我道德形象。首先，热爱工作，热爱学生，勤于学习，不断提高科学文化素养，培养高尚的道德情操，用自己的道德素养熏陶学生。其次，树立积极、乐观的人生态度，热爱生活，珍爱生命，用自己的生命热情感染学生。最后，提升人生格局，胸怀家国天下，积极承担社会责任，树立远大的人生价值目标，用自己的人生志向引导学生。

（四）小学德育活动的组织者

组织开展小学德育活动是小学德育工作的常见形式。小学教师作为小学德育活动的组织者，承担着小学德育活动的主要工作任务。小学德育活动的设计、准备、组织和执行各个环节，都要依靠小学教师来完成。小学教师应该凭借自己的德育专业素养，科学地确定德育活动目标，设计德育活动过程，在德育活动之前进行周密考虑和充分准备，在德育活动实施过程中，通过协调配合引导小学生完成活动任务，活动之后还要进行总结评价和反思。

（五）小学德育的研究者

小学教师不仅要从事常规的学校德育工作，还可能不断地面临小学德育工作的新问题和新现象。这就要求小学教师运用研究的态度和手段，探索解决小学德育工作中遇到的难题。小学教师主要应关注和研究小学生的道德心理发展问题，以及小学生思想品德教育工作的内容、方法和规律等。小学教师作为小学德育的研究者，有利于提高自己的小学德育工作能力水平。而且，小学教师走科学化德育的道路，按照德育科学的规律和原则去工作，还能收到事半功倍的效果。因此，小学教师从事德育工作，要用实事求是的工作态度，边工作边研究，不断探索德育领域的客观规律，以研究促进工作，努力使自己成为小学德育工作的专家。

四、小学教师的德育素养

学校德育的质量取决于教师的德育素养。要想全面提高小学生思想道德教育质量，必须重视提高小学教师的德育素养。那么，小学教师的德育素养包括哪些方面呢？概括起来，小学教师的德育素养应该包括德育学科知识、教育观念和道德修养三个方面。

（一）小学教师要有丰富的德育学科知识

小学教师承担德育职责，除了掌握自己所教学科的知识外，还应广泛涉猎学生品德发展心理、道德教育哲学、小学德育工作经验等方面的知识，只有这样，小学教师才能保证德育工作的科学有效，对学生的品德发展起到积极的促进作用。

小学教师要具备丰富的德育学科素养，就要通过不断的学习和实践积累知识，并有意识地储备关于小学生道德教育的理论知识和实践经验。小学教师只有经过长期的学习和实践，才能逐渐建立起个人关于德育学科知识的完整体系。

（二）小学教师要有先进的教育观念

随着时代的发展，人们对待教育的观念也在不断变化。小学教师从事德育工作，需要依靠先进的教育观念为指导思想，促进小学德育工作与时俱进。先进的教育观念集中体现在教师的学生观上。小学教师应树立正确的学生观，关注每一个小学生的思想品德发展，掌握小学生品德发展的规律和特点。

小学教师不仅要形成先进的教育观念，还应该吸收中外教育思想理论，关注国家教育政策动态，遵循教育基本规律，科学有效地开展学校德育工作。

（三）小学教师要有较高的道德修养

德育工作不同于其他各项育人工作的地方在于，教师本身就是德育内容。小学教师自身的道德修养结果，正是小学德育的重要内容。因此，小学教师要有较高的道德修养，并不断追求高尚的道德情操。高尚的道德品质是小学教师开展德育工作所应具备的基本素养。

教师的道德修养不仅直接影响着学生的道德成长与发展，而且为社会所瞩目。"学为人师、行为世范"就反映了整个社会对教师个人道德修养的无限期待。小学教师的道德、情操、气质、言行随时随地影响着小学生，也成为人们衡量小学教育质量的重要标准。所以，小学教师开展德育工作要提高自身道德修养，并以自身道德修养来影响和教育学生。

第二节　作为德育教育主体的小学生

小学生的成长与发展离不开其自身的学习。小学生的思想品德发展需要通过道德学习来实现。但是，小学生的道德学习很容易被忽视。小学生在德育中的主体性，主要体现在小学生是其自身道德学习的主体。

一、小学生是道德学习的主体

在学校德育中，教师和学生都是德育活动中人的因素，都应该居于主体性地位。任何把教师或学生的一方视为主体，把另一方视为客体，从而形成教师和学生这两个主体性因素之间主客体二元对立的做法都是错误的、有害的。小学教师是学校德育工作的主体，这不能因此否定小学生成为道德学习的主体。小学生是道德学习的主体，这一命题可以从三个方面加以解释。

首先，从道德哲学的视角来说，道德具有自主、自由的本质特征，一个人愿意服从道德的约束，一定存在发自内心的需要，单纯依靠外界的力量不可能让人们变得很道德。正如《曾国藩家训》中讲"慎独"的思想："慎独则心安。自修之道，莫难于养心，心既知有善知有恶，而不能实用其力，以为善去恶，则谓之自欺。方寸之自欺与否，盖他人所不及知，而己独知之。"因此，道德不应成为束缚人的工具，而是为人而存在的。而且，道德是随着时代以及不同社会环境而不断演进、变化的精神产物，道德规范不应仅仅强调通过灌输被人接受、践行，还应注重把人作为道德主体，发展人的道德判断能力。

对于小学生而言，他们接受学校德育的影响，只是进入一个更加有利于自己思想品德发展的环境，但最终的结果仍然取决于小学生自身的道德学习。因此，小学生是他们自己的道德学习主体。

其次，从心理学的视角来说，儿童的品德心理发展需要在一定环境中，通过自主学习来获得道德的意义，从而促进个体品德的完善。道德发展心理学表明，儿童的道德发展是在与环境的相互作用过程中主动建构的。因此，儿童是道德学习和成长的主体。

最后，从现代教育学的视角来说，教育活动的本质在于促进学生的学习，强调以学生为中心，关注学生的学习过程。因此，道德教育必须尊重学生的道德学习主体地位，以培养自主、自觉的道德行为主体为己任。

二、儿童道德发展理论

学校德育不仅要从观念上确立学生是道德学习的主体，认识到儿童道德学习的重要性，还要遵循儿童道德发展的规律，科学地开展德育工作。人们关于儿童道德发展规律的研究，虽然取得了一些理论成果，但是还很不充分。这就决定了人们对儿童道德发展的本质和规律认识仍然比较肤浅。心理学研究的有关成果，对儿童道德发展的理论贡献最为突出，具有代表性的三个理论是道德认知发展理论、人格发展理论和观察学习理论。这三个理论分别从认知、情感和行为的视角，强调了儿童道德发展的本质特征和基本规律。

（一）道德认知发展理论

道德认知发展理论首创于瑞士心理学家皮亚杰，后来被美国心理学家柯尔伯格继承和发展，他们主要关注儿童道德发展阶段的研究。

皮亚杰是公认的较早研究儿童道德发展阶段的心理学家。皮亚杰以其发生认识论为基础，通过观察儿童在游戏过程中对规则的遵守情况，将儿童的道德认知发展划分为四个阶段，即自我中心阶段（2～5岁）、权威阶段（6～8岁）、可逆性阶段（9～10岁）和公正阶段（11岁及以后）。

自我中心阶段（2～5岁）又称前道德阶段，是从儿童能够接受外界的准则开始的。这一时期的儿童还不能把自己同外在环境区别开来，而把外在环境看作他自身的延伸，规则对他来说不具有约束力。皮亚杰认为儿童在5岁以前还是"无律期"，顾不得人我关系，而是以"自我中心"来考虑问题，往往按自己的想象去执行规则，规则对他的行为不具有约束力。处于这一阶段的儿童没有义务意识，在游戏中没有真正的合作精神。

权威阶段（6～8岁）又称他律道德阶段，儿童服从外部规则，接受权威指定的规范，把人们规定的准则看作固定的、不可变更的，而且只根据行为后果判断对错，而不会考虑行为的动机。处于这一阶段的儿童，其道德判断受外部的价值标准所支配和制约，绝对尊重和服从权威，但他们常常违反细则，不完全了解规则的意义。

可逆性阶段（9～10岁）又称自律道德阶段。可逆性阶段的儿童已不把准则看成不可改变的，而把它看作同伴间共同约定的。儿童一般都形成了这样的概念：如果所有的人都同意的话，规则是可以改变的。儿童开始意识到自己与他人间可以发展互相尊重的平等关系（如你让我遵守，你也必须遵守），规则也不再是权威人物的单方面要求，而是具有保证人们相互行动的、互惠的可逆特征。同伴间的可逆关系的出现，标志着品德由他律开始进入自律阶段。

公正阶段（11岁及以后）又称公正道德阶段。公正阶段的公正观念是从可逆的道德认识脱胎而来的。处于这一阶段的儿童开始倾向于以公道、公正作为判断是非的标准，能够根据他人的具体情况，基于同情和关心来对道德情境中的事件做判断。

皮亚杰在研究儿童道德判断时，采用了一种讲"对偶故事"的方法，即通过讲述两个相似的故事，向被试提出有关道德方面的难题。举例如下。

故事一：一个叫约翰的小男孩在他的房间时，家里人叫他去吃饭，他走进餐厅。但在餐厅门背后有一把椅子，椅子上有一个放着15个杯子的托盘。约翰并不知道门背后有这些东西。他推门进去，门撞倒了托盘，结果15个杯子都被撞碎了。

故事二：从前有一个叫亨利的小男孩。一天，他母亲外出了，他想从碗橱里拿出一些果酱。他爬到一把椅子上，并伸手去拿。由于放果酱的位置太高，他的手臂够不着。在试图取果酱时，他碰倒了1个杯子，结果杯子倒下来碎了。

针对这两个故事，皮亚杰向被试儿童提出两个问题：

（1）这两个小孩是否都会感到内疚？

（2）这两个小孩的行为哪一个更不好？为什么？

然后根据儿童的回答，分析他们能否根据行为背后的动机进行道德判断。

皮亚杰认为，利用对偶故事法的这种难题，可以测定儿童是依据对物品的损坏结果，还是依据主人公的行为动机做出道德判断。通过被试的反应，皮亚杰发现，儿童的道德判断是从早期注重行为结果的评价向注重行为的动机发展，表明其道德认知水平从"他律"向"自律"发展。

皮亚杰认为，儿童与外界环境的交互，是促使儿童由前道德阶段，向他律和自律道德阶段发展的关键因素。因此，该理论强调儿童道德发展是其道德认知结构的建立和完善过程，突出了儿童道德发展中的认知因素。

1958 年，美国心理学家劳伦斯·柯尔伯格在芝加哥大学攻读心理学时，受到皮亚杰著作的启发，对儿童面对伦理困境所做的反应产生了强烈的兴趣。他在写作的博士论文中，创立了儿童道德发展的"三水平六阶段"理论。

"三水平六阶段"理论将儿童道德发展划分为前习俗水平、习俗水平和后习俗水平，每个水平又分为两个阶段，共六个发展阶段，依次为：以惩罚与服从为定向；以工具性的相对主义为定向；以"好孩子"为定向；以法律与秩序为定向；以法定的社会契约为定向；以普遍的伦理原则为定向。

在前习俗水平，儿童从行为的具体结果及其与自身的利害关系进行道德推理判断，带有自我中心倾向，认为道德的价值不决定于人及准则，而是决定于外在的要求。其中，在以惩罚与服从为定向阶段，儿童判定是非的标准，依赖于成年人的态度，也就是说儿童认为大人说的都是对的。在以工具性的相对主义为定向阶段，儿童以对自己有利就是对的，对自己不利就是不对为标准，仍然以自我为中心，没有明白道德规范的意义。

在习俗水平，儿童着眼于社会的希望和要求，能够从社会成员的角度思考道德问题，开始意识到自己的行为必须符合群体或社会的准则，能够了解、认识社会行为规范，并遵守、执行这些规范。在以"好孩子"为定向阶段，儿童遵守道德规范的动机源于期望获得成人的夸赞，特别重视别人的评价。在以法律与秩序为定向阶段，儿童的是非标准发展为是否合乎规定或法律，开始重视制度的约束。

在后习俗水平，儿童不只是自觉遵守某些行为规则，还认识到道德规范和法律的人为性，以至于最后到达人的道德发展最高水平，就会在考虑全人类的正义和个人尊严的基础上形成某些超越法律和规范的普遍原则。到达这一时期，人在思想上并非反抗社会规范，而是在合乎大众利益的基础上寻求更适当的社会规范。在以法定的社会契约为定向阶段，儿童进入对道德规范的批评阶段，认识到法律和规范原来是大家商议的结果，可以而且应该根据需要进行调整。在以普遍的伦理原则为定向阶段，表明一个人已经进入根据个人的道德哲学处理问题的阶段，形成了固定的道德价值与取向，发展出尊重人本身的道德理性。

柯尔伯格采用虚构的"道德两难故事"认定受试道德发展水平。例如，"海因茨偷药"的故事：意大利有个名叫海因茨的人，他的妻子得了癌症，危在旦夕。有个药剂师，研制出一种治癌特效药，配制这种药的成本只有200元，但他要价极高，每剂要价2 000元。为了买到一剂这种药，海因茨到处借钱，但最终只凑得1 000元。海因茨恳求药剂师说，他的妻子快要死了，能否将药便宜点卖给他，或者允许他赊账。药剂师拒绝了他，并且还说："我研制的这种药，正是为了赚钱。"海因茨没有别的办法，于是在一个晚上潜入药剂师的仓库把药偷走了，结果被警察发现，抓进警察局。故事讲完后，柯尔伯格会向被试提问：海因茨该不该偷药？为什么？并通过被试的回答，分析判断他所处的道德发展水平和阶段。

柯尔伯格认为，儿童道德发展的整个运动是按顺序前进的，六个阶段是不能跨越的。一个人或快或慢地通过各个阶段而发展道德，甚至在个别阶段会出现一半在一个阶段内，一半在下一阶段的情况。因此，个体在道德推理时并不一定使用单一阶段推理，而是通常使用几个相邻阶段进行道德推理，但会以某一阶段为主，他称之为存在"优势阶段"的概念。

（二）人格发展理论

儿童道德发展的人格发展理论，来源于弗洛伊德的精神分析学说。弗洛伊德的精神分析学说提出了人格结构的概念，认为人格由"本我""自我"和"超我"三部分构成。"本我"是与生俱来的最原始的部分，由无意识的性本能和攻击本能组成，追求即时性的个人满足，对外部环境的习俗和道德一无所知，只追求最大的快乐和最小的痛苦，奉行的是"快乐原则"。在个体生命的前两年中，"本我"逐渐分离出"自我"。"自我"虽然也追求个人需要的满足，但是"自我"会把需要的满足纳入现实环境中进行考虑，奉行"现实原则"。"超我"是理想人格的象征，是社会道德的代表，反映成人社会的价值观和标准，是人格结构中最文明的部分。"超我"通过限制"本我"，指导"自我"，追求理想自我的实现，根据"至善原则"活动。

弗洛伊德认为，人的行为是人格结构中的三个部分相互冲突和斗争的结果。道德通过"超我"人格的发展而获得，而"超我"人格通过良心和理想自我制约人的行为。当儿童受冲动的驱使做出不恰当行为时，父母、教师会对其加以阻拦、惩罚，儿童因惩罚而获得的经验会内化为"良心"。由于儿童对父母强烈的情感依附，以及对教师等成人权威的顺从，来自父母或教师的批评和惩罚对于强化儿童的羞耻感和是非观念具有重要影响。反之，当儿童的行为合乎成人世界的要求时，就会得到父母或教师的肯定、鼓励和表扬，这种因奖励而内化的经验以"理想自我"的形式表现出来，引导儿童重复那些受表扬的行为。弗洛伊德认为，成人的人格模型在 5 岁前就已经基本形成，儿童的早期经验对儿童的人格形成具有重要的作用。

弗洛伊德认为，"本我""自我""超我"之间因彼此互动，有冲突也有调和，从而产生一种内在动力，称为"人格动力"。"人格动力"是促使个体道德发展的动力来源。若这三者保持平衡，人的行为就是合乎道德规范的，人格就得以正常发展；若三者丧失平衡，就会引发人的不道德行为，甚至出现精神病。

弗洛伊德精神分析学说以人格结构论为基础，强调儿童道德发展的过程伴随着人格的发展，是一个从无意识过渡到有意识、从不自觉过渡到自觉、从生理上的自制到心理上的自制的过程，反映了品德形成的基本规律。人格发展理论重视儿童早期的情绪、情感体验在道德发展中的作用，突出了儿童道德发展中的情感因素。这对于我们认识亲情、师情、友谊在人的品德形成中的作用有重要的启示和指导作用。

（三）观察学习理论

观察学习理论是美国社会心理学家班杜拉所创立的社会学习理论的重要组成部分。该理论认为，儿童只需通过观察学习，就可获得大部分的新行为。而且，儿童可以通过替代强化习得新的道德行为。因此，环境、社会文化、成人榜样直接影响儿童的道德形成和发展。如果充分利用这样一些条件和方法，鼓励儿童的正确行为，抑制其不良习惯，将有助于儿童的道德成长。

班杜拉观察学习理论突出了榜样示范在儿童道德行为的形成、发展中的作用。一方面，儿童通过观察和模仿榜样的行为，可以获得新的行为方式；另一方面，儿童从观察和模仿榜样那里习得的新行为，会因外在的肯定鼓励或批评得到正向或负向的强化。如果儿童发现新的行为会受到惩罚，则会主动抑制对新行为的模仿；如果儿童新的行为会受到肯定和鼓励，则会强化对新行为的模仿。

在儿童观察学习过程中，行为示范和言语示范是最主要的信息来源。因此，父母、教师、伙伴等是儿童道德行为形成和发展的重要影响源。电视、电影、广播、网络等大众化媒介信息也在潜移默化地塑造着儿童的行为。观察学习理论强调榜样示范在儿童道德行为形成、发展和纠正方面的作用，指明了儿童作为行为主体能够主动对新行为进行自我强化，突出了儿童道德发展中的行为因素。

三、学生品德发展规律

在综合有关儿童道德发展理论的观点之后，人们对学生品德发展的基本规律有所认识。归纳起来，学生品德发展遵循以下四条基本规律。

（一）学生的品德发展是学生与周围环境相互作用的结果

学生的道德观念和道德规范，都是在特定的文化环境中通过活动和与人交往等方式，逐步形成和发展起来的。离开一定的社会文化环境，学生的品德发展就失去了生长的土壤，无法得以发展。学生的品德发展，还要求学生与所处的社会文化环境进行交互，在人与环境的相互作用下，促进学生的道德认知发展，并形成一定道德认知结构。

（二）学生的品德发展是学生的知、情、意、行四个要素整体和谐发展的结果

人的品德结构包含知、情、意、行四个要素，也就是道德认知、道德情感、道德意志和道德行为。知、情、意、行四个要素之间并非孤立的，而是相互联系的。单纯地强调任何一个因素的发展，都不利于人的品德的整体发展。学生的品德发展最终也要归结于这四个要素的整体发展。

（三）学生的品德发展是一个阶段性的连续发展过程

学生的品德形成和发展是由道德无律、道德他律向道德自律逐步过渡的连续的过程。这个过程本质上存在一系列的发展阶段。学生的品德发展由量变到质变，逐渐经历不同的发展阶段，从而获得品德的完善。

（四）学生的品德形成和发展是在自身思想道德和新的道德问题情景之间的矛盾运动中实现的

在学生的品德发展过程中，需要不断地面临新的道德情境和道德问题。在学生自身思想道德和新的道德问题情境之间的矛盾中，学生原有的道德水平和品德结构是比较稳定的一面，每一个新的道德情境、新的道德问题都会引起人的品德发展的矛盾。学生的实践活动不断、新的道德情境和道德问题不断，学生的品德发展的矛盾就不断，学生的品德发展就不断。

四、小学生品德发展的时代特征

品德是一定社会或阶级的道德规范在个体身上的体现，它作为人个性特征的一部分，反映的是个人的精神面貌。因此，小学生品德发展必然受社会发展特点的影响，在表现内容与形式上体现出时代特征。

（一）小学生的基本道德价值观念整体积极健康

目前，我国小学生普遍具有积极的人生观和价值观，国家认同感高，小学生为自己作为一名中国人感到自豪。小学生普遍具有良好的行为规范，在勤劳节约、诚实守信、团结友善、遵守公德等方面均表现良好。小学生的基本道德价值观念积极向上，这与我国新时代的整体社会基调相一致，为我国小学德育工作提供了整体良好的局面。

（二）小学生品德发展过程中的主体意识增强

信息时代，我国社会发展更加强调尊重个人的价值。小学生的品德发展也不可避免地受到社会环境变化的影响。相比于过去强调规范、纪律、整齐划一的时代，当前小学生在品德发展过程中有更多的自主空间，家庭、学校和社会环境都允许他们对生活中的事物保持自己个性化的想法、看法和做法，这一切使小学生品德形成过程中主体意识明显增强。小学生的这种逐渐增强的主体意识，对当前小学德育工作提出了新挑战，需要认真研究，并加以科学应对。

（三）小学生品德发展面临外来文化糟粕腐蚀的风险

当今是一个全球化的时代。随着我国日益全面深入地融入全球化进程，我国社会生活的方方面面都会与国际接轨。开放的大门，不可避免地使各种外来文化在中国传播。一些消极的外来文化趁机渗透我国社会。诸如西方的享乐主义、拜金主义、利己主义等思想，以及追求绝对自由、狂热的宗教信仰等文化糟粕，都在很大程度上形成对我国小学生品德发展腐蚀的风险。我国小学生的思想品德理应在我国优秀的传统文化和现当代的革命传统文化积极培育下成长，同时借鉴国外优秀文化为我所用，培养小学生具有国际理解的品质素养。但是，这些不良的外来文化通过各种渠道对小学生的品德发展产生负面影响，应当采取必要手段加以管控，过滤和净化小学生品德发展的文化环境。

第三节　小学德育教育中的师生关系

在小学德育活动中，小学教师和小学生分别是德育工作的主体和道德学习的主体，师生之间的关系是主体间的关系。小学德育中的师生关系是学校生活中师生关系的一部分，对小学德育工作具有重要意义，应该引起足够的关注。

一、小学德育师生关系的内涵

有别于一般意义上的小学师生关系，小学德育师生关系特指在小学德育工作的范畴内，在涉及小学生思想品德教育的活动中，小学教师和小学生之间形成的一种特殊交往关系。一般意义上的小学师生关系对小学生整个学校生活的幸福感和自身成长与发展都具有深刻的影响，而作为特殊层面的小学德育师生关系，则更加强调这种师生交往关系对小学生思想品德形成与发展的促进作用。

由于道德学习是一种个体内在自主自愿的学习，学校德育从来就不是可以通过强迫或催促就能实现良好效果的工作。相比于中学生和大学生，小学生的道德学习更加依赖小学教师的引导，以及他们对小学教师的信任，他们会以教师的高尚品德为榜样，从人生的开始就注重自己的品德修养。因此，小学德育师生关系与小学德育工作的实效性具有直接的因果关系。从这个意义上讲，小学德育师生关系本身就是小学德育工作的重要组成部分，需要小学教师用心构建、精心维护。

二、良好小学德育师生关系的特征

我国社会主义核心价值观主张"自由、平等、公正、法治"，这既是对美好社会的生动表述，也是从社会层面对社会主义核心价值观基本理念的凝练。它反映了中国特色社会主义的基本属性，是中国共产党矢志不渝、长期实践的核心价值理念。自由是指人的意志自由、存在和发展的自由，是人类社会的美好向往，也是马克思主义追求的社会价值目标。平等指的是公民在法律面前的一律平等，其价值取向是不断实现实质平等。它要求尊重和保障人权，人人依法享有平等参与、平等发展的权利。公正即社会公平和正义，它以人的解放、人的自由平等权利的获得为前提，是国家、社会应然的根本价值理念。法治是治国理政的基本方式，依法治国是社会主义民主政治的基本要求。它通过法治建设维护和保障公民的根本利益，是实现自由平等、公平正义的制度保证。

学校是社会的缩影，小学德育师生关系是社会关系在学校中的映射。为了追求"自由、平等、公正、法治"的社会理想，学校德育中应构建起良好的小学德育师生关系。根据我国社会主义核心价值观社会层面的基本内容，良好的小学德育师生关系应具备以下四个特征。

（一）尊重教师职责，保护学生自由

在小学德育工作中，师生之间各自处于自己的主体性地位，相互之间存在频繁的交往活动。小学教师和小学生都可能站在自己的角度去审视德育活动，希望德育活动向着有利于自己的德育工作，或者自己的道德学习需要的方向发展。这就很容易使得师生双方产生自我中心主义的立场，也很容易从自我的立场出发，强制对方服从自己的意志，从而挟制对方的自由。小学教师在德育活动中过度要求小学生完成道德学习的任务，小学生为自己的自由意志，拒绝教师的德育影响，以致反对教师的德育主体作用，就是破坏小学德育师生关系的典型现象。

良好的小学德育师生关系应强调尊重教师职责、保护学生自由。也就是说，小学生在道德学习过程中应向教师学习，信任教师，并主动接受教师的思想品德发展引领。小学教师要尊重学生的道德学习需求、道德学习规律和道德学习兴趣，给予小学生充分的道德学习与品德发展的时间和空间自由，培养他们自主、自觉的道德品质。

（二）倡导对话理解，追求师生平等

小学教师和小学生虽然在德育活动中扮演不同的角色，完成不同的任务，但他们在人格上都是平等的，具有完全独立的思想和行为。教师和学生之间需要通过对话向对方表达自己的思想观念，通过互相理解促进德育活动的正常进行。但是，小学教师容易将自己置于道德权威的地位，居高临下地要求小学生按照给定的道德规范行事，甚至扮演法官的角色，对小学生的错误言行横加评判。这种远离了对话和理解的德育方式，使得师生关系失去了平等的基础，不利于实现德育活动的目的。

良好的小学德育师生关系应倡导对话理解，追求师生平等。也就是说，小学教师要与小学生在人格平等的前提下，建立起对话关系。而且，小学教师要善于理解小学生的思想品德发展状况，理解他们在特定的德育环境中如何进行道德判断和推理，理解他们品德发展中存在的问题和需求。教师和学生在对话和理解的基础上，才能实现平等地交往，保证小学德育活动健康运行。

（三）保障师生权利，坚守校园公正

小学教师和小学生都有法律和校园规章赋予的权利，小学教师有开展德育活动的权利，有开展德育研究的权利，有对小学生进行品德评价的权利，而小学生有进行道德学习的权利，有参加德育活动的权利，有利用德育资源的权利。小学德育活动要求保障师生的这些权利。但是，在小学德育师生关系中，经常存在保障了教师权利，却侵害了学生权利，或者保障了学生权利，却侵害了教师权利的情况发生。

良好的小学德育师生关系应保障师生权利，坚守校园公正。也就是说，要把教师德育权利和小学生的权利统一起来，教师要以公正的态度教育学生，学生也要在遵守德育活动规范的情况下行使自己的权利，营造起公正的校园氛围。

（四）健全德育制度，践行教育法治

小学开展德育工作，要重视德育制度的建设和完善，以制度保障德育活动健康运行，做到有章可循，有法可依。小学德育负责人员要对违背德育制度的师生活动和行为及时制止和纠正，对师生关系中的矛盾及时协调和化解。

良好的小学德育师生关系应健全德育制度，践行教育法治。也就是说，为了保障良好的小学德育师生关系的建立，就要求学校主动作为，建立健全德育工作规章制度，明确德育工作职责和规范要求。小学德育师生关系的构建和维护，要成为小学践行教育法治的典范。

三、构建理想小学德育师生关系的策略

在小学德育活动中，教师发挥主导性作用，直接决定着师生关系的质量。理想的小学德育师生关系需要教师去积极构建，需要学校管理者提供有效的支持，需要社会和家庭营造宽松的环境。小学教师肩负着构建理想小学德育师生关系的职责，这就要求小学教师能够以促进小学生思想品德发展为目的，用心钻研小学德育师生关系的特点，探索构建理想小学德育师生关系的策略。

总的来说，构建理想的小学德育师生关系可以采取以下基本策略。

（一）提升个人道德修养

小学教师作为小学生的启蒙人，必将在每一个小学生的人生起步阶段产生深远的影响。特别是在小学德育活动中，小学教师个人的道德修养就成为德育工作的重要内容，以润物无声的方式滋养、熏陶着小学生的品德养成。因此，小学教师应有意识地主动提升自己的个人道德修养，提高自己的人生观、价值观境界，构建理想的小学德育师生关系。

小学教师在职业工作范围内，特别是在承担小学德育职责的时候，能够以身作则，树立起高尚的道德标准，并努力去追求，将有助于小学教师以更达观的态度处理师生关系中的问题，实现构建良好的小学德育师生关系的目的。

（二）加强自身教育理论素养

小学德育工作是小学教育的重要组成部分。小学教师承担德育工作职责，本身就要求具备完善的教育理论素养，以开放的教育思想观念认识教育现象、处理德育问题。小学教师要构建理想的小学德育师生关系，离不开以自身的教育理论素养为支撑。小学教师只有对德育工作的性质、意义有了正确的认识，树立了科学的德育观和儿童道德观，才能保证正确地对待小学德育活动中的小学生，才能有利于构建理想的小学德育师生关系。

小学教师应通过不断学习和阅读有关教育理论的书籍，用心体会教育理论家的思想内涵，在思想意识层面深入地思考学校教育工作的过去、现在和未来，分析德育工作的新情况、新问题，把个人的德育工作置于宏大的教育理论背景之下进行审视。

（三）把握小学德育工作规律

小学德育工作遵循一定的规律，这些教育规律需要小学教师积极主动地探索和掌握，并需要小学教师以工作规律指导工作实践，以及在工作规律的指导下积累工作经验。大多数小学教师在从事一定时间的德育工作后，通过总结和反思能够形成一些规律性的认识和经验，比如小学德育的长期性、系统性等特征。

小学教师遵循已发现的德育工作规律开展德育工作，将有助于确立正确的工作目标，理性认识德育工作过程，放弃对小学生品德发展不切实际的理想状态，从而为构建理想的小学德育师生关系提供保障。

（四）研究小学生品德发展特点

小学教师开展德育工作，构建理想的小学德育师生关系时，必须深入研究小学生的品德发展特点。小学生的品德发展过程，总体上遵循系统性、阶段性、矛盾运动性等规律，但是个别小学生的品德发展又受到个性化的因素影响。随着社会形态的演变，小学生生活生长的外部环境也在变化，并且影响着小学生的品德发展趋势。这都对小学教师提出了研究小学生品德发展特点的要求。

小学教师应树立起研究的态度和意识，面对新的小学生品德教育问题和困难，深刻探索解决小学生品德发展的难题。只有如此，才能帮助小学教师知己知彼，构建起理想的小学德育师生关系。

第九章 小学德育教育环境

德育是我国小学教育的重要内容，对于培养优秀的社会主义建设者和接班人有着至关重要的作用。小学德育工作的开展离不开环境，它既是小学德育的重要内容，又是德育实践的必然场所。马克思认为，人创造环境，环境也创造人。德育环境直接影响着小学德育的效果和小学生的道德素质。随着对加强学生德育工作的重视，德育环境的意义已经引起人们的广泛关注，德育环境是每个德育对象个体品德建构的重要因素和必要前提。因此，认真分析并明确德育环境各要素的含义、作用及要求，对于充分发挥和有效利用德育环境的积极因素，改善人们良好品德的养成条件，有着不可忽视的现实意义。同时，这也是加强德育环境建设，增强德育科学性、实效性的具体内容。

第一节 小学德育教育的学校环境

德育是用教育的手段使人们形成道德意识、道德规范和行为准则。学校作为教育的主阵地，应为德育工作提供良好的环境。德育工作是小学学校工作的核心，学校德育工作就是为了培养和提升学生的道德意识，使他们养成符合道德标准的行为规范，是培养和提高人的素质的教育方式和手段，是素质教育的重要内容。

环境不仅是一种教育力量，而且是一种更广泛、更重要的教育。在个体的成长过程中，品德的形成和发展受到各种因素的制约，这些因素共同构成了影响品德形式和发展的环境。正确地认识德育环境，并科学有效地利用和改造德育环境，是保证德育教育工作顺利进行的基本前提。德育环境是影响个体品德形成和发展的各种因素的总和，是一个非常复杂的社会系统，可以从不同的角度来分类。其中，戴钢书在《德育环境研究》一书中根据德育环境的内涵和外延将德育环境分为学校环境、家庭环境和社会环境，其中学校环境分为校园学习环境、校园文化环境和校园物质环境。

一、德育学校环境的含义

所谓德育的学校环境，即学校内部与德育及德育活动相关的一切软硬件条件或因素。学校环境包括很多方面和内容，如校园的建设与规划、学校各项规章制度、学风、教风、校风、工作作风、学校整体发展思路、学校科技环境与氛围、校园文化环境与氛围、校园舆论环境与氛围、大学的办学精神与理念、师生员工的综合素质及人际关系、校园文化建设等。校园环境对小学生的成长成才和小学生的世界观、人生观、价值观、道德观以及良好人格的形成和发展等具有直接的影响和制约作用。加强小学德育学校环境建设是新时代对小学德育工作的客观要求，具有十分重大的现实意义。

学校是社会教育的重要组成部分，是培养青少年高尚道德情操的主要渠道，学校德育在未成年人的德育中起着正向的主导作用，对学生思想品德的健康成长，树立正确的世界观、人生观、价值观，具有不可替代且不容忽视的优势。学校教育作为有计划、有组织的教育形式，对学生的思想、道德的培养和发展，以及他们的道德实践都产生着重要的教育影响。在学校所获得的道德发展及道德评判，将影响个人终身的道德实践。因此，在教书育人方面，学校起着重要的作用。学校应该按照党的教育方针和相关政策，把德育工作贯穿于教育教学的各个环节，处于各个学科教育的首要位置。要把培养健康、积极的道德情操和爱国热情作为思想道德建设的首要任务，纳入中小学教育的全过程中。

二、德育学校环境的构成要素

学校是德育教育的主阵地，对学生思想道德的健康成长和良好行为习惯的养成，都有着不可替代的主导作用。我们将学校环境具体划分为三部分内容：校园文化环境、校园制度环境、校园物质环境。学校环境作为德育环境的一部分和多功能载体，对大学生的思想、品格、心理和正确的成才观影响最为巨大。所以，不断优化德育环境，创造良好的育人环境，是做好小学德育的前提和保障。

（一）校园文化环境

校园文化环境主要包括学校里的价值观念、文化传统、班风、校风、学风、教风等。校园文化环境一旦形成，便具有稳定性，能对学生思想品德的培养形成一种"文化效应场"。因此，发挥校园文化环境的育人功能，不但要树立正确的办学理念，建立良好的学风、班风、校风，营造浓厚的文化氛围、创设良好的舆论氛围，而且要发挥教师的道德榜样作用。青少年的思想可塑性强，教师的一言一行对学生都有不可忽视的影响。教师要用自己的人格影响学生的人格，要用自己的情感去感染学生的情感。

1. 班风和校风的影响

班风，即一个班特有的精神风貌与个性特点，是由班级成员共同营造的一种集体氛围。班风是在班级中长期形成的，是班内群体成员中占主导地位的言行倾向和作用。它通过班级成员的情绪、言论、行为、道德面貌等方面表现出来，反映了一个班集体成员的整体精神风貌与个性特点。

校风是学校的风气。它是全体师生在工作、学习、生活中所表现出来的整体精神面貌与特征。它不仅体现在教师的教风、学生的学风，以及各班级的班风上，还体现于学校的各种事物和环境之中。校风是一所学校的灵魂，一种良好的校风体现的是学校的精神面貌和优良传统。良好的校风对陶冶学生的情操，形成学生积极的价值观、人生观，科学、理性的思维方式，养成良好的行为规范，均具有积极促进作用，是课堂教学的重要补充力量。

班风、校风具有很强的教育功能，以一种潜移默化的形式影响着每一位学生。一名处于小学阶段的学生，处于思想道德意识逐渐建立、行为习惯正在养成的时期，其如果在一个氛围和谐、精神上进的班集体里，思想上得到良好熏陶，行为上受到正面引导，将会让他在各方面得到发展和提高。

2. 课堂教学和教师楷模作用的影响

在学校的教育过程中，教师既是教学过程的组织者和设计者，又是学习过程的指导者。教师的授课内容与方式是否贴近小学生的心理需求，将直接影响到学生的学习效果。而且，由于教师是学生心目中的权威，他的一言一行将对学生的发展起到潜移默化的影响。在长时间的师生交往过程中，教师自身的表率作用对学生的道德形成具有重要的意义，身教远胜言传。

（二）校园制度环境

校园制度环境主要包括师生道德行为规范、校园管理制度、学生奖惩制度、社团活动制度等。它是学校运行的保障系统，学校良好的制度可以保障人的权利，促进人的发展。为了更好地发挥校园制度环境的育人功能，不仅要完善相关制度，如学校管理制度、奖惩制度、考核制度，而且要建立科学的德育评价体系。德育评价体系是学生德育发展的目标导向。科学的德育评价体系可以让学生获得道德价值意义,明辨真与伪、美与丑、善与恶。在德育评价过程中,学校不能以考试成绩代替德育发展,要尊重学生的人格理想和个性需求,注重道德品质、公民素养、交流合作、健康审美等方面的和谐发展,要科学安排、循序渐进。

（三）校园物质环境

校园物质环境主要包括学校自然地理位置、空间构造、校容校貌、基础设施、教学设施、人文景观等,是影响学生思想品德形成的物质基础。发挥校园物质环境的育人功能,不仅要做到课室宽敞明亮、设备先进,使学生心情愉快放松,提高学习效率,而且要发挥教材的思想教育作用。教材本身具有文明、向善、严谨、辩证等方面的特点,是学生接受德育的主要载体。教师可以通过典型案例,将知识性、思想性、艺术性相互结合,培养学生的价值观和情感,形成学生热爱生活、亲近自然、奉献社会的良好品德。

三、德育学校环境改善的基本要求

学校是学生学习、生活的主要场所,更是他们获得科学知识和德育理论的主要来源。学校的任务是培养社会主义事业的建设者和接班人。德育对保证人才培养的正确方向,促进学生健康成长起着决定性作用。而学生的良好思想品德的形成和提高,不仅需要通过正面的理论引导和丰富的实践锻炼,而且还有赖于能起到潜移默化作用的德育环境的熏陶。因此,加强德育学校环境建设是我们当前亟待解决的一项重要课题。

（一）弘扬主旋律,优化教育氛围

要以正确的舆论引导人,利用学校报刊、广播、电视、橱窗、网络等宣传舆论阵地,宣传马克思列宁主义、毛泽东思想、邓小平理论、"三个代表"重要思想、科学发展观以及习近平新时代中国特色社会主义思想。要以榜样的力量感召人,大张旗鼓地宣传先进典型并要注重典型的培养和塑造工作,使典型有血有肉,有思想、有事迹,可敬、可信、可学,使典型具有时代性、示范性。

（二）创建品位高雅的校园物质环境

学校的基础设施是进行教育活动的必备条件,是实施德育的物质基础。学校应利用优美的校园环境,促进学生的身心健康发展,培养学生良好的思想品质和高尚的道德情操，美化心灵、启迪智慧、激发灵感。

（三）营造积极向上的校园精神环境

校园的精神环境是校园环境的核心内容，学校要花大力气加以建设：一是要抓好"三风"（校风、教风、学风）建设；二是要对体现校园精神的内容，如校规校训、办学思想、培养目标，以及反映上述内容的杰出校友、学校名人进行宣传，使学生一进入校园，就受到良好精神环境的熏陶。

（四）优化校园文化环境

学校要想方设法优化校园文化环境，利用健康、向上、活跃的校园文化氛围来影响和提高大学生的思想道德水平，做到以下四点：第一，准确把握校园文化活动的正确方向。第二，健全组织机构，切实加强对校园文化的领导与管理。第三，加强基础设施建设，保障开展校园文化活动的硬件条件。第四，校园文化活动要体现思想性、艺术性、知识性、趣味性，使学生参加活动后真正有所收获。学校要找准校园文化活动与学生成长进步的结合点，把逻辑的力量同情感的力量结合起来，把透彻的说理同鲜活的语言结合起来，将对学生的德育融入学生自我教育的各项活动中，融入学生报国为民和实现个人理想的奋斗进程中。第五，要把校园文化活动纳入科学化、制度化、规范化管理的渠道。

（五）完善学校德育环境建设的制度和机制

学校要依据《中华人民共和国教育法》《中共中央关于进一步加强和改进学校德育工作的若干意见》《中国普通高等学校德育大纲》等要求，做好三方面工作：第一，建立健全切实可行的学校管理及运行机制。学校的宣传、学工、教学、管理部门应在发挥德育工作中各自优势的基础上加强沟通与合作，形成整体合力，构建德育工作齐抓共管的良好局面。第二，制定序列化的德育实施训练规划。第三，建立健全以德育综合测评为主要内容的规章制度，并把德育测评结果作为全面评价学生的重要依据。

第二节　小学德育教育的家庭环境

一、德育家庭环境的含义

家庭环境是指家庭内部良好的亲情关系、家庭成员尤其是父母亲的文化价值理念、育人方式、家庭经济状况、社会关系等。家庭环境相对于学校内部环境来说，它是外部育人环境，但相对于社会大环境来说，则可以归为内部育人环境。因此，家庭环境是一个十分重要的研究范畴，同时，也是一个相对的研究范畴。家庭环境是一个人成长的初始环境，它是人受教育的起点，决定人的观念的原始取向，良好的家庭教育能对人一生的成长和发展产生重要影响。家庭的物质条件、社会背景、情感氛围、家长的文化水平和价值观念及处世态度等都会促进或制约着学生的成长和发展。家庭是家长为孩子营造的第一场所，小学生在入读以前就在家庭环境中获得了很多道德观念。家长应借助家规、家风以及自己的言传身教，构建和谐幸福、文明向上的家庭环境，良好的家庭环境对未成年人健康成长有着不可估量的作用。家长在教育中要发挥榜样作用，作为子女的启蒙老师，其言行举止时刻影响着子女。家长既是家庭的管理者，又是家庭环境优化的执行者。因此，引导家长树立科学教育观念，理解学校教育与家庭教育对小学生的重要性，从根本上改善家庭环境，促成小学生良好品德的养成十分必要。

二、德育家庭环境的构成要素

家庭环境有软环境、硬环境、内环境和外环境四部分，它们对于一个人的一生有至关重要的影响作用。

一是软环境。软环境主要指家庭的心理道德环境，包括家庭结构和教养方式。心理道德环境作为家庭环境的核心，是人类社会化发展的"温床"。它对家庭成员之间的关系、父母的道德水平、对孩子的教育方式、个人自我概念的发展、师生关系、行为问题等均有较大影响。当今社会的主题是和谐，讲求的是人与自然的和谐，人与人以及人与社会的和谐。而家庭软环境就是和谐中分出的一个大的课题。要过上以和谐为主题的生活，保持家庭软环境的协调是极其重要的。

二是硬环境。硬环境是指家庭中可以用量化指标来评判和衡量的环境因素，比如家庭的成员结构、资源分配、生活方式等。良好的家庭硬环境无疑有利于学生的成长，反之会影响学生的成长。成长不良的学生，其家庭硬环境存在家庭结构有缺陷、家庭资源的配置不合理、父母的道德文化水平低下和职业状况较为不良等情况。这些不良的家庭硬环境严重影响着学生的道德修养、学习习惯、行为方式等，从而导致学生品行不佳。硬环境主要包括家庭资源、父母文化水平和职业状况等。

三是内环境。家庭内环境也指自己家里的人或事，不易被外人获知。一般家庭内环境都是讨论夫妻相处方式、家长对子女的教育方式等相关问题。

四是外环境。外环境是指家庭外的，如家庭的周围环境、周围人群情况、外部活动场所、外部人际关系等。

三、德育家庭环境改善的基本要求

家庭是学生道德品行养成的第一环境，对学生的思想具有特殊的感染力和影响力。因此，充分发挥家庭环境的德育功能具有至关重要的作用。优化家庭环境，关键是要提高家长的素质，以身示范，增强社会责任感；同时，要力求为学生提供一个健全的家庭。要重视学生的思想品德教育，不能只过分关注孩子的智育，忽视孩子的内心感受，要把望子成龙的期望值放在孩子健全人格和科学的世界观、人生观和价值观的培养上。要切实减压增效，改变高期望、高压力、高文凭、高收入的误导，为孩子提供一个宽松、和谐，能够双向沟通和理解的学习、生活环境。

第一，家长要努力提高自身的思想道德修养。家长应严格规范自己的言行，要通过言传身教，把社会的道德准则、做人的道理及良好的品德和人格传给孩子。在日常生活中，要鼓励孩子关心他人，有计划、有目的地给孩子创造劳动锻炼、接受磨炼的环境。此外，父母要树立良好的榜样。父母是孩子的"第一任老师"，父母的一言一行都会深刻地影响孩子的健康成长和思想道德品质的形成。因此，父母应时时刻刻加强学习和修养，要在各方面为孩子树立良好的形象和榜样。父母只有为孩子树立了良好的榜样形象，才能深得孩子的信任和信赖，才能在孩子前立得稳，才能树立自己的伦理权威，促使其品德高尚、性格优良、心智健全。

第二，要创设良好的家庭文化环境。父母是孩子的第一任老师，家庭是孩子的第一课堂，孩子无时无刻不是以有意或无意的方式观察着父母的。因此，父母的一言一行对孩子而言都起着表率作用，并以一种潜移默化的形式影响着儿童道德观念的形成。家庭文化环境是长期积淀的结果，积极营造良好的家庭文化环境和氛围是有必要的，而且也是可行的。如尊老爱幼、互谅互让、邻里和睦等，都是可以营造的，良好的家庭气氛有助于儿童形成良好的品德。家庭文化环境和氛围对孩子的成长进步和优良个性心理品质的形成具有重大影响和制约作用。

第三，要更新教育观念，讲究科学的家教方法。要鼓励孩子勤学好问，善于创新；关爱生命，关心他人；艰苦奋斗，朴实无华；与人为善，团结协作等。要在关心、体贴孩子的同时，客观分析孩子的思想、心理，积极主动与学校、社区协作配合，讲究策略、方式，要严中有爱、爱中有严。天下的父母无不对孩子寄予很高的期望，期望孩子长大后能够出人头地。这样的愿望是好的，但是在孩子成长的过程中，家长所采取的教育方式却差异很大。有的家长以身作则，用律己正己的思想行为来影响孩子，并成为他们的良师益友，而且在对孩子的教育方面讲究方式和方法，充分尊重他们的人格，循循善诱，多鼓励孩子，充分激发了他们的自信心和上进心。这些家长不仅关心孩子平时的学习成绩，往往也关心他们在思想品德方面的修养。这样的家长给孩子带来的都是正面的影响。而有的家长对孩子的管教非常严厉，常常采取棍棒相加的措施。这样的教育方法往往导致孩子产生逆反心理，反倒不利于他们的健康成长。还有的父母，尤其是一些独生子女家庭的父母，溺爱孩子，或对孩子放任自流，或在教育上重智轻德，导致家庭教育中道德教育的欠缺，对孩子思想道德的发展都是非常不利的。

第四，创设良好的家庭沟通机制。家长要经常与孩子沟通，了解他们的思想和心理状况，及时疏导子女的心理障碍。作为家长，为了真正与孩子沟通和相处，为了及时了解和掌握孩子的心理和思想问题，为了正确指导和帮助孩子健康且全面成长，学习一些简单而必要的心理学知识是必要的，也是做好家庭德育不可或缺的重要途径和方法。

第五，创建和睦融洽的家庭关系。和睦融洽的家庭关系、良好的家庭氛围是建立在互相关爱、互相尊重的基础之上的。不良的家庭人际关系不仅对青少年成长造成直接的负面作用，而且还会对学校德育产生负效应。家庭教育应以人伦关系为基础，以情感情理为法则，以血缘关系为基本坐标，注重角色行为培养及情感孕育和亲密关系。

第三节　小学德育教育的社会环境

一、德育社会环境的含义

社会环境是国际国内存在的对学校德育活动及学生思想品德产生影响的宏观德育环境系统和微观德育环境系统。其中，宏观德育环境系统包括政治、经济、文化环境，微观德育环境系统主要为社区环境。政治环境是指政权的性质、政治制度、政治体制，如国家的教育方针、人才的培养目标、办学方向等。经济环境是指社会经济发展的状态。文化环境是指人们在社会精神文化支配下的各种行为联系而构成的社会文化关系氛围，广播电视、新闻刊物等大众传播媒介是构成社会文化环境的重要组成部分。

二、德育社会环境的构成要素

社会性是人的主要特性，社会实践是改造人的有效手段。社会的存在一方面为人的生存和发展提供了良好的条件，另一方面也对人的发展提出了必要的要求和规范。因此，社会环境对个体的品德形成和发展有着重要的影响。从德育的角度看，社会环境主要包括政治环境、经济环境、文化环境、社区环境。其中，政治、经济、文化环境为宏观环境，社区环境为微观环境。

（一）德育的政治环境

德育的政治环境主要是指德育主体所在国家的政治思想、政治制度以及政治设施等制约因素。一般而言，德育的政治环境是与该国的历史文化传统、具体国情、国家性质相适应的，因而在德育中居于主导地位，主导了整个德育目的、方向、过程以及评价。就个体而言，德育的政治环境还直接制约着个体的道德认识和道德行为。

（二）德育的经济环境

德育的经济环境是指人类社会的经济活动及其经济制度所构成的对德育发挥作用的一切经济因素的总和。经济环境对德育有着直接的制约作用，经济环境决定着德育的环境，德育的环境一定程度上由经济环境控制。

（三）德育的文化环境

文化是社会的有机组成部分，也是个体道德形成的重要来源。一部人类社会发展史，既是一部人类生命繁衍、财富创造的物质文明发展史，也是一部文化积累、文明传承的精神文明发展史，更是一部人类道德的成长史。因此，德育的文化环境实质上包括人类所创造的一切物质的和非物质的要素，其中非物质的精神要素对德育所起的作用要更大一些。

一般来说，德育的文化环境包含特定的文化遗传密码，即文化所包含的文化意识、文化心理和特定的价值观。文化遗传密码会对该文化下的个体的道德意识、道德思维、道德情感、道德行为产生内在的影响，表现出独特的文化个性。但是，现实生活中，人们思想意识和价值追求的日趋多样化使得这种文化遗传密码时时发生着一定变化。特别是随着经济全球化的不断深入，世界各国之间的竞争越来越多地变成了思想文化、价值观念和制度模式的较量。这就意味着德育不仅要承担起文化传承的历史责任，而且要承担起凝聚民心、振兴国家的现实责任。于是，加强德育的文化环境建设的任务就显得异常紧迫。

（四）德育的社区环境

所谓社区环境是相对于作为社区主体的社区居民而言的，它是社区主体赖以生存及社区活动得以产生的自然条件、社会条件、人文条件和经济条件的总和。它可理解为承载社区主体赖以生存及社会活动得以产生的各种条件的空间场所的总和，它属于物质空间的范畴。

从教育视角来看，社区环境是小学生校外成长的重要空间。人创造环境，同样环境也造就人。社区环境的文明程度影响小学生良好行为习惯的养成，影响学校品德教育成果的有效实践。小学生心理不成熟、不稳定，容易受社区环境的影响。文明的社区环境有利于促进小学生心理健康发展，进而养成良好的品德。社区居委会应开展文明创建活动，围绕主题活动，深化精神文明建设，净化社区环境；抓环境卫生整治，宣传与活动并重，增强居民互帮互助的意识，提升居民对社区的认同感、归属感、责任感，以此带动形成良好的邻里关系，为小学生成长营造和谐氛围；加强宣传教育力度，让居民知道自己的言行影响身边的人，让家长知道自身的失范行为会影响子女健康成长，甚至会对其心理造成难以弥补的伤害，不断提升居民素质，形成讲文明的良好氛围；建设、管理、运用好各种公共文化设施和活动设施，丰富居民的业余生活，号召小学生参与进来，积极与成年人互动。

三、德育社会环境改善的基本要求

从目前来看，建立良好的德育社会环境，需要发挥学校、政府以及社会三方面的主体性。

（一）学校角色的正确定位

当代中国学校德育社会环境的时代特征在于社会环境的动态、失范和价值观的现实多元性，而学校德育只有在同社会环境结成统一整体时才能对德育对象发挥有效的作用。因此，构建优良的社会环境是学校德育的必由之路，也是学校德育主体性的表现之一。

面对日趋变动的社会环境，国内有学者认为学校教育应该主动适应：一是教育要面向未来，不再简单地为已存和现存社会培养人才，而要真正为一个尚不存在而行将出现的社会培养人才；二是教育不再仅仅为社会生活做准备，被动地接受社会的指令，而是积极地干预和参与社会生活及其发展。针对德育的环境适应，有学者进一步提出了学校道德教育的"超越论"，主张在当前德育改革中，培养市场需要的具有道德意义的种种品质固然重要，但德育的着眼点还应该在培养当代社会所需要的全面完善的道德品质和人格上。德育不应仅局限于学校环境，而应该延伸至大的社会环境中，使其成为主动优化环境的主体力量。

作为营造社会环境的主体力量的内涵主要表现为：一是学校德育主动直接地参与社会环境的建设。学校本身固然不是一般的社会机关，但学校本身可以是文化尤其是先进道德文化的讲坛和舆论阵地。学校德育活动如学生的社会实践活动可以对社区乃至全社会进行正面的价值导向等。二是学校德育应作为个体道德成长社会环境网络中最能动的力量去主动连接其他社会环境系统，组合各种正面影响形成合力。上海市真如中学通过"真如中学社会教育委员会"，将当地镇（乡）政府、教育行政部门、社区企事业单位、学校家庭所属村民、居委会和学校联系起来，不仅动员了社会各界力量参与教育，创造了较好的社会条件，还通过学校、家庭与社会之间的沟通，在形成学校内外部目标一致、方向明确的"三位一体"的德育体系方面，以及在营造学校德育良好环境上，做出了可贵的探索。三是学校德育和教育应在体系内进行改造，努力形成适应和超越学校环境的中介机制，使学校德育社会环境中的正面德育影响源最大限度地转为现实的德育影响，同时促进社会环境中的德育影响有序化，开发学校德育社会环境的现实空间。

（二）政府功能的正确发挥

政府是社会改造的组织主体，也应是学校德育之社会环境的改造主体之一。虽然现代政治经济体制的运转模式与趋势决定了社会生活中不能过分强调行政手段和政府行为的作用，但是政府对社会生活尤其是德育社会环境的一定程度的改造是十分重要和必需的。政府功能的正确发挥至少可以在三个方面对学校德育环境的优化起重要作用。

1. 政府作为经济、政治、文化等宏观环境系统发展的自觉力量

政府作为上层建筑的一部分，其性质及运作固然受制于一定社会经济基础，但政府又是一定社会经济、政治、文化发展的主体力量，其主体性表现为它对社会运转目标的设计和全面调控等。对于学校德育的优化环境创造来说，政府可以在社会发展目标的选择上起宏观调控作用，而社会发展目标的选择，实际上是价值取向上的社会选择，从而也是学校德育宏观社会环境方向和质量上的选择。一个理智的政府即使不能直接对学校德育起更多的直接的领导作用，倘若能建设一个健康的社会，在学校德育的大气候上自觉不自觉地有所作为，实质上它已经参与了学校德育。严格地说，在社会大众的德育自觉尚未发展到一定程度之前，大德育观的实现可以仰赖的最自觉的社会主体力量只能是政府行为。

2. 引导社会环境子系统的建设

学校德育社会环境子系统尤其是社区、家庭、传媒等究竟在何种程度上具有德育自觉，一方面取决于宏观上政府在精神文明建设上的成就，另一方面也取决于政府对各子系统的直接领导。这表现在政府从舆论导向、立法及制度上对子系统在学校德育支持上的明确规范，以及对社区、家庭、传媒作为社会文化环境的品质的监控，也表现为一些看似联系不大但实质上亦间接影响学校德育的措施。

3. 构建社会环境子系统形成德育影响的合力

学校德育本身可作为与社会环境诸系统的连接力量，这是学校德育主体性的表现之一。但是学校角色是学校德育的内部因素，其能量有限，因而需要一

个强有力的外部黏合力存在。这一黏合力就其有形的方面来说即应来自政府。

在社会环境子系统与学校德育的亲和力的培养上，我国已有经验证明，单纯依赖政府行为是低效或无效的。过去社区教育的政府过度干预并未真正造成真正的社区教育，反而变成了政府和社区的双重负担，削弱了社区教育发展的动力。故近年理论界不断呼吁要使社区与教育的结合由政府行为转化为社会行为。但是社区、传媒、家庭、学校本是各自独立的运行系统，要想使其德育影响在方向上趋同，力量上整合，又必须有黏合机制存在。而黏合机制无非是在舆论导向上发展其德育自觉整合的内驱力和制度上的连接以形成其运作形式。要实现这两点，在目前的中国社会完全脱离政府的作用是难以想象的。这不仅是因为政府的权威和力量，而且是因为从全社会宏观层次上看只有政府才可能实现全国范围及全方位的环境子系统的连接。因此，无论是造成各子系统在学校德育影响上携手的自觉，还是促成诸系统在运行上的有序结合，适当的政府行为都是不可或缺的。此外，即便是各系统的连接由政府行为向社会行为的过渡，其中介因素社会德育自觉程度的提高也难以离开政府主体能动作用而实现。目前，我国一些地区的"学校、家庭、社会德育一体化"实验的成功，实际上同政府的整合作用是分不开的。

（三）社会精神实体的重构

哲学家黑格尔认为一个具有现实性的民族必要条件是有其自己的伦理精神实体。康德亦在区别文明与文化概念时将文化（绝对的道德观念）视为文明外壳（文明）的深层本质加以强调。

社会精神实体重构对于学校德育外部环境建设的意义在于：如果没有健康进步的社会精神实体，仅靠政府、学校去做社会环境诸系统的连接，则这一连接就会仅仅是外层或物质层面的连接，没有精神或内在的黏合力。而且，没有精神实体，政府行为、学校德育本身是没有灵魂和方向的。因此，要适应时代变迁，建设优化的学校德育的外环境，就必须由外而内、由显性到隐性地进入社会精神实体的重构。

学校德育所需的优化的社会环境，其优化条件之一当是社会伦理精神的积极向上。所谓"积极向上"主要指社会的未来发展方向及价值体系的未来取向十分明确。

　　小学阶段是少年儿童养成良好品德行为习惯的关键时期。而孩子的成长离不开学校、家庭和社会的共同教育。因此，学校、家庭、社会三者之间要紧密联系、相互协调，形成以学校德育为主体、家庭德育为基础、社会德育为导向的"三位一体"的大德育网络，共同承担起对未成年人的道德教育工作。也只有这样，才能把来自学校、家庭、社会各方面的力量调动起来，共同促进少年儿童的德育发展，而任何一方的缺位都会对中小学生的道德品质养成造成不良影响。随着素质教育的倡导和实施，学校重智育、轻德育，重分数、轻实践的教学思路和观念已在各地小学教育中开始扭转，思想道德的培育逐步受到社会各界的重视。

第十章　小学德育教育校本化课程实践

—— 以平阴县实验学校"悦生六季"系列课程为例

第一节　"悦生六季"系列课程实施方案

"悦生六季"系列课程全称为"崇德明志，尚善悦生 —— 道德与法治学科校本化实施方案"，是平阴县实验学校进行小学道德与法治学科校本化课程实践的成果。其中，"悦"指向情感体验，情感认同；"生"指向生态、生命、生长。"悦生"课程追求的价值是道德情感的体验认同，身心愉悦的健康生长。"悦生六季"系列课程包括六大课程主题，融合多种学习资源，进行调查、体验、探究，促进小学生形成正确的价值观。紧紧围绕道德与法治课程的核心素养，"悦生六季"力求涵养学生厚德性、明责任、善交往、会生活、懂自律五大品质，以期实现道德的培养，核心素养的生成。

一、课程实施背景

（一）基于学校办学理念课程建设需要

平阴县实验学校的办学理念是：一以贯之，唯美绽放。寓意用九年的积淀，成就孩子一生的财富，为孩子一生奠基，即九年一贯，一以贯之，融贯一生。如果我们把学生九年的学习生涯，当作他们人生旅途的起点，那么，我们的课程就是为他们的远行在准备必备的行囊。作为学校和教师，应当为孩子们准备良好的行为习惯、丰富的人文素养、健康的身体素质、勇于创新的意识、高雅的艺术修养和恰当的解决实际问题的能力。学校围绕"一以贯之"的核心理念，采取"内涵发展，赢在起点；持续发展，胜在未来"的办学策略，让每一个学生在这里"相遇最美的自己"，以求达到"养习立品性，博学贯人生"的目的。"一以贯之"就是思索明天的需要，映照今天的教育，为孩子成功的远行准备好一切。

在办学理念的带动下，学校小学部构建了"悦享童年"系列课程。"悦享童年"课程以德为先，注重全面发展，面向人人，注重终身学习，面向未来，注重知行合一。"道德与法治"作为德育课程，更应该以独特的育人价值为孩子扣好人生的第一粒扣子。

（二）基于课程改革和学科发展的需要

课程标准指出："道德与法治"课程是一门以儿童生活为基础，培养学生道德品质和法治意识的综合课程。它的生活性、综合性、开放性决定了"道德与法治"课程要把思政小课堂同社会大课堂结合起来。

中国学生六大核心素养以及道德与法治学科的核心素养都首先提出了"社会责任"和"国家认同"的培养要求，这使我们需要在课程改革中重新思考"教育应该是什么"和"为什么"。同时，《青少年法治教育大纲》《关于培育和践行社会主义核心价值观的意见》《中小学德育工作指南》《山东省中小学德育课程一体化实施指导纲要》为我们提供了理论支撑和目标指向，让我们认识到德育课程的一体化实施是我们必需的选择。

（三）基于国家课程校本化实施的需要

"道德与法治"课程的校本化实施，需要我们摒弃"形式"的噱头，突出课程价值，追寻内涵发展。在课程育人目标的支撑下，基于校情、教情和学情，以基础课程为主线，与其他育人途径所蕴含的德育元素实现整合，促进目标融合、内容统整，进行基于国家课程的校本化实施，力求实现全员、全过程、全方位育人，让课程服务于学生道德的生长以及核心素养的生成。

基于以上认识，我们对统编《道德与法治》教材及课程标准进行梳理，从学校和学生出发，基于学校已有的文化基础，融合学校、年级、班级一些德育活动，建构了以"道德与法治"课程为核心的"悦生六季"道德与法治课程。

二、课程理念

"道德与法治"课是落实立德树人根本任务的关键课程。首先是引导学生"做成一个人"，其次是引导学生"学会做事"。无论是"做人"还是"做事"，贯穿始终的都是学生道德与法治核心素养问题，是发展学生的人格品质，发展道德与法治核心素养。基于以上的认识，我们提出了"悦生六季"学科课程理念。

（一）开辟生态体验路径，促进学生生命成长

体验是德育的本体，活动是道德认知扩展和向道德行为转化的重要机制。创设富有经验体悟、洞开生态智慧的化育情境，让学生在情境中自主体验，领悟情境活动的丰富内涵，并内化为道德意识，形成自觉的道德行为，通过这些富有成效的体验活动，培养学生核心素养，促进学生生命成长。

（二）扎根儿童生活经验，提高道德教育实效

著名教育家杜威认为，"儿童的生活是一个整体，他们从一种活动到另一种活动，从未意识到有什么转变和终端，而是结合在一起""进入儿童现在经验里的事实和真理，和包含在各门科目里的事实和真理，是一个现实的起点和终点"。因此，学校通过"悦生"课程的实施，有机地将课程内容与要目标，与学生的儿童生活经验相结合，能有效促进学生核心素养的发展。

（三）厘清道德教育内容，清晰课程育人脉络

道德教育的认知与实践内容多且广泛，比较繁杂，如果孤立地进行教育与实践，往往效果不好。悦生课程育人即要求我们通过课程将其进行关联，形成脉络化。例如，对于学校的礼仪教育，不能孤立地认为其就是学生日常行为规范中的个人礼仪，其实还包括课堂学习礼仪、学校集会礼仪、与人交往的社交礼仪、民俗文化礼俗等。因此，需要我们建构悦生课程，将课程育人功能进行脉络化。

（四）注重道德教育内化，提升知行合一品质

核心素养指引下的悦生课程分为四个环节：课程设计、课程学习、品行发展、道德实践，这四个环节是循环反复、螺旋上升的。

在课程育人的四个环节当中，需要把握以下三个要点：第一，课程设计需要贴近学生生活，聚焦发展目标，精练课程内容，才能真正有效。第二，学生在课程学习过程中的新认知，会与原有认知和生活经验产生重组融通或抵触排斥。因此，在内省过程中可能会产生一定的困惑，需要引领者能够给予有效引导。第三，学生外显的道德实践行为可与课程设计目标有一定差距，需要我们做进一步的反思与探索，调整课程设计，以便更好地促进道德内化。

三、课程目标

（一）课程总目标

我们确定"悦生六季"德育课程总目标为"崇德明志，尚善悦生"。"崇德明志"指向道德与法治核心素养的"家国意识""政治认同"；"尚善悦生"指向核心素养的"法治精神""健康生活""社会参与"。"悦生"力求涵养学生厚德性、明责任、善交往、会生活、懂自律五大品质，实现学科核心素养的生成。

在此基础上，我们又进一步细化目标，提出了"具有家国意识、培养法治精神、提升社会参与、学会健康生活"四个维度的分目标。

（1）具有家国意识。热爱家乡，了解家乡的发展变化。珍视祖国的历史与文化，认识基本国情，理解国家的基本政治经济制度，帮助学生树立正确的国家观念，增强学生的国家主权意识和国家安全意识，维护民族团结，维护国家利益，增强中华民族的归属感和自豪感，使学生逐步成长为具有国家立场和民族担当的合格公民。掌握一些基本的地理常识，初步理解人与自然、环境的相互依存关系，了解人类共同面临的人口、资源和环境等问题。

（2）培养法治精神。对学生进行规则意识、程序意识、宪法意识、权利义务意识、自我保护意识等方面的教育，促使学生学法、守法，依法维护合法权益，追求公平正义，为法治中国建设做出应有贡献。

（3）提升社会参与。喜欢自然景色，积极参加户外活动。有环保意识，节约水电，尽量少用塑料袋、卫生筷等一次性物品。爱护花草树木，不伤害小动物。具有关爱自然、保护环境的意识，低碳生活。

（4）学会健康生活。珍爱生命，热爱生活，养成自尊自律、乐观向上、勤劳朴素的态度。养成文明礼貌、诚实守信、友爱宽容、热爱集体、团结合作、有责任心的品质。养成安全、健康、环保的良好生活和行为习惯。

（二）课程分目标

"悦生六季"系列课程分为立德养成季、文明共生季、尚善感恩季、睿行致知季、责任传承季、明法励志季六部分，每一部分对应的课程分目标如表10-1所示。

表 10-1 "悦生六季"系列课程分目标

	具有家国意识	培养法治精神	提升社会参与	学会健康生活
立德养成季	爱父母长辈，体贴家人，主动分担力所能及的家务劳动，用自己的行动表达对家人的爱	1.了解、遵守校园生活的一般规则。 2.强化交通规则教育。 3.学会遵守游戏规则，形成安全意识。 4.加强环境保护教育	爱护动植物，节约资源，为保护环境做力所能及的事	1.喜欢和同学、老师交往，高兴地学，愉快地玩。 2.爱惜整理自己的用品，初步形成自主生活的意识和能力。 3.认识常见的交通标志和安全标志，遵守交通规则。不到危险的地方去玩，学会自我保护。 4.养成良好的生活习惯，有良好的精神面貌
文明共生季	1.尊敬国旗、国徽，学唱国歌。为自己是中国人感到骄傲。 2.了解我国的节假日，感受共有的节日与传统。 3.感受家乡的发展变化，培养学生热爱家乡的情感。 4.爱父母长辈，体贴家人，主动分担力所能及的家务劳动，用自己的行动表达对家人的爱	1.呈现宪法中关于国旗、国歌、国徽的规定。 2.培养学生遵守班级规则的意识。 3.遵守公共生活秩序，懂得文明礼仪。 4.加强环境保护法治教育	1.参与集体生活，培养基本的公共生活意识。 2.遵守公共生活秩序，培养对公物的共有、共享、共爱护的基本意识与习惯	1.喜欢和同学、老师交往，高兴地学，愉快地玩。 2.在成人帮助下能定出自己可行的目标，并努力去实现。 3.初步养成良好的生活和劳动习惯

表 10-1（续）

	具有家国意识	培养法治精神	提升社会参与	学会健康生活
尚善感恩季	1.生活中要讲道德、守规则，与邻里要和睦相处，爱护家庭和周边环境。 2.感受家乡的变化和发展，萌发对家乡的热爱之情	1.了解接受义务教育既是自己的权利也是义务，能用法律保护受教育权不受侵犯。 2.学习交通法规，自觉遵守交通法规。 3.进行防盗、防骗、防拐、防性侵的安全教育。 4.了解班级和学校中的有关规则，并感受集体生活中规则的作用，初步形成规则意识，遵守活动规则和学校纪律	1.了解本地区交通情况，熟悉有关的交通常识，自觉遵守交通法规，注意安全。 2.引导学生积极参与社区公共生活，树立学生的家乡观、激发学生的家乡情。 3.形成爱护公共设施人人有责的意识，能够自觉爱护公共设施。 4.了解我国交通发展状况，感受交通在人们生活中的重要作用，关注城乡交通存在的问题	1.能够面对学习和生活中遇到的困难和问题，尝试自己解决问题，体验克服困难、取得成功的乐趣。 2.体会生命来之不易，珍爱生命，学会基本的自护自救方法。 3.了解自己的特点，发扬自己的优势，有自信心。知道人各有所长，要取长补短

	具有家国意识	培养法治精神	提升社会参与	学会健康生活
睿行致知季	1. 知道自己的成长离不开家庭，感受父母长辈的养育之恩，以恰当的方式表达对他们的感激、尊敬和关心。 2. 学习料理自己的生活，养成良好的生活习惯，关心家庭生活，主动分担家务，有一定的家庭责任感。 3. 初步了解我国的工农业生产，以及与人们生活的关系，知道工人、农民付出的辛勤劳动与智慧，尊重他们的劳动。 4. 感受家乡的变化和发展，萌发对家乡的热爱之情，激发学生参与家乡建设的积极性	1. 知道班级和学校中的有关规则，并感受集体生活中规则的作用，初步形成规则意识，遵守活动规则和学校纪律。 2. 进行正当竞争教育和网络安全教育。 3. 建立对校园欺凌行为的认知和防范意识。 4. 初步了解消费者权益保护，具备初步的消费者自我保护意识	1. 了解本地区生态环境，参与力所能及的环境保护活动，增强环保意识。 2. 关心了解周围不同行业的劳动者，感受并感激他们的劳动给人们生活带来的便利，尊重并珍惜他们的劳动成果	1. 了解迷恋网络和电子游戏等不良嗜好的危害，抵制不健康的生活方式，提升媒介素养。 2. 理解做人要诚实守信，学习做有诚信的人。 3. 懂得感恩和基本的礼仪常识，学会欣赏和尊重他人

表 10-1（续）

	具有家国意识	培养法治精神	提升社会参与	学会健康生活
责任传承季	1. 了解我国是一个地域辽阔、有着许多名山大川和名胜古迹的国家，体验热爱国土的情感。 2. 了解近代我国遭受过列强的侵略以及中华民族的抗争史。树立奋发图强的爱国志向。 3. 了解我国是有几千年历史的文明古国，熟知新中国成立以来，特别是改革开放以来所取得的成就，加深对祖国的热爱之情。 4. 担当家庭责任，尽我所能，为家出力，弘扬优秀家风	1. 呈现《中华人民共和国预防未成年人犯罪法》《中华人民共和国禁毒法》。 2. 树立班级生活的规则意识，遵守活动规则和学校纪律。 3. 进一步树立规则意识，遵守公共生活规则	1. 自觉爱护公共设施，自觉遵守公共秩序，注意公共安全，做文明有教养的人。 2. 树立服务公共生活的意识，积极参与力所能及的社会公益活动	1. 能够面对学习和生活中遇到的困难和问题，尝试自己解决问题，体验克服困难、取得成功的乐趣。 2 知道吸毒是违法行为，远离毒品，珍爱生命，过积极、健康的生活
明法励志季	1. 初步认知主要国家机构，国家主权与领土，认知国防的意义，增强民族团结意识。 2. 了解我国曾经发生过的地震、洪水等重大自然灾害，知道大自然有不可抗拒的一面。感受人们在灾害中团结互助的可贵精神，学习在自然灾害中自护与互助	1. 知道自己是中华人民共和国公民，初步了解自己拥有的基本权利和义务。 2. 知道我国颁布的与少年儿童有关的法律、法规，学习运用法律保护自己，形成初步的民主与法治意识	让学生认识到人类对自然应负的责任，懂得珍爱地球，树立自觉保护环境的责任意识，积极参与保护环境的活动	懂得做人要自尊自爱，有荣誉感和知耻心。在反思自我中不断完善自己，健康成长

四、课程框架

多年的研究实践，让我们认识到：任何一门课程都不是孤立存在的，将课程、教学、评价、和师生发展融为一体是学校发展和课程改革的创生所在。因此，体现课程价值的设计愿景成为首要的目标导向。我们基于学校现有的优势，构建了多维联动和逻辑清晰的无边界的广域课程体系。

经过两年的研究、实践与修订，"悦生六季"完成了主题序列化，由单科模式到广域课程的校本化规划。结合道法学科的课程目标，基于学校实际，开发本地文化和师生资源，对教材内容进行提炼总结，再结合年段学生的生理、心理、行为特点，整合年段适合的德育活动，构建了序列化的"悦生六季"课程群。

"悦生六季"道法课程由基础课程和拓展课程两大类构成。基础课程主要来源于国家课程六年的主题教育，按年级顺序和学生年龄特点，概括为六个成长季，分别是立德养成季、文明创生季、尚善感恩季、睿行致和季、责任传承季、明法励志季，分别对应规则与习惯、共享与创意、友善与感恩、智慧与和谐、爱国与责任、法治与励志等学科课程要求的素养目标。

以基础课程为母课程，以"悦生六季"的每一季课程为核心，我们融合了其他学科和社会资源，拓展了主题探究、学科融合类、文化行走等子课程作为外围体系，根据年段设置不同的必修和选修，课程实施突破学科和学校界限。

（一）主题探究类课程

主题探究类课程以社团或班级授课制进行，内容解读如下：

一年级立德养成季：该课程指向道德与法治课程的规则与习惯培养的主题教育，以"你好，小学生"入学适应课程和"你好，红领巾"入队课程为统领，进行小学起始阶段的规则教育与习惯培养，让学生适应并悦纳学校新生活。

二年级文明共生季：该课程指向道德与法治课程的共有、共享与创意生活的主题，以"学《弟子规》，做有根的人"和"创意小达人"为统领，进行文明礼仪和创意生活的教育。以"学《弟子规》，做有根的人"为例，我们从语文拓展阅读中的背诵表演的桎梏中走出来，延伸到讲《弟子规》故事、践行《弟子规》精神、创编现代版的《弟子规》。在阅读的同时，重在"领悟"与"践行"。该课程通过读经典、听释义、讲故事、重践行，学典范、评榜样一系列教育,将对经典的认识和理解落实到学生行动中去,使他们领会经典,践行经典。

三年级尚善感恩季:该课程旨在通过"我是最美实验人""感恩见行动"落实友善与感恩的主题教育。

四年级睿行致和季:该课程旨在通过"我是社区小公民""低碳生活我能行"落实智慧生活和和谐相处的主题教育。

五年级责任传承季:该课程以"玫乡泉韵""厉害了,我的国"落实家国与责任的教育。

六年级明法励志季:该课程以"法在我心中""励志教育"落实法治与理想的教育。

(二)学科融合类课程

学科融合类课程与校本课程结合,作为每个年级的必修课程,家委会参与。一年级入学适应课程、二年级生态课程、三年级礼仪课程、四年级健康启航课程、五年级游泳课程、六年级影视课程,以大课和集体课的形式进行。以三年级国际礼仪课程为例,三年级刚开设英语课,学生感兴趣,但对现在生活中比较普遍的牛排、披萨等西餐礼仪不懂,刀叉乱舞,家长难以引导,我们以就餐礼仪、刀叉语言为切入点拓展到见面礼仪,培养学生的规则意识和文化意识。再如,新型冠状病毒感染疫情期间制作的线上课程"大国之治",通过展示中国共产党带领中国人民,用强大的中国精神,谱写的一曲战"疫"凯歌,向世界展现了"大国之治"的风采英姿,培养学生的家国情怀,增强责任担当意识。

(三)文化行走类课程

文化行走类课程结合本地文化、节日文化、少先队活动、主题教育活动、周末研学、家长讲座等,课程实施打破班级授课灵活进行,课程评价由年级统一规划。

(四)生长类课程

生长类课程不是一成不变的,是动态发展的,是在实践中不断生成、逐步优化的。该课程旨在使学生通过实践提高道德认知,增强学生的道德体验和道德情感,从而培育学生应有的道德情操和人格素养,促进学生生命成长、人格完善,人人争做"最美少年"。

五、课程实施

"悦生六季"道法课程以基础课程为母课程，以"悦生六季"的每一季课程为核心。我们融合了其他学科和学校各种活动、社会实践体验等所蕴含的德育元素，拓展了主题探究、学科融合类、文化行走、生长课程等子课程作为外围体系，根据年段设置不同的必修和选修，课程实施突破学科和学校界限，促进目标融合、内容统整、方式综合，让丰富多彩的德育资源服务于学生的道德成长，让道德与法治课程充满生长的韵味。

（一）悦生课堂，实现道德生长

1. 悦生课堂理念

悦生课堂追求生命、生态、生长，以学生生活为基础，创建生态的课堂环境，构建充满生命活力的课堂，实现学生道德的生长，素养的生成。强调"以生为本"，把课堂主权还给学生，让学习在课堂真正发生，促进自然生命和精神生命的蓬勃生长，构建儿童挥洒生命活力的天地。课堂成为儿童发现问题、积累德知、提升素养、涵养德情、生成智慧、实践德行的场所。

2. 悦生课堂要素

"悦生课堂"强调四大内涵要素：第一是自己的生活。课堂应该是儿童生活的缩影，针对儿童的需要，促进儿童的发展。第二是自然的生态。课堂环境应本着尊重、激励学生，珍视童年的价值。第三是自主的生成。学生在活动中体验，在体验中感悟，在感悟中自主建构。第四是自然的生长。"悦生课堂"以儿童生活为基础，以活动体验式学习和思辨式学习为主要学习方式，以"情境生疑、体验生情、思辨生慧、实践生行"为主要流程，引领学生在活动中体验、感悟，在思辨中生成智慧，涵养思维，最终实现德知的形成、德情的生长以及德行的内化生成。

3. 悦生课堂模式

基于课程标准，突出学科本质，聚焦"道德与法治"课程的核心素养，我们在教研中构建了"悦生"品质课堂，并在实践中提炼了两种教学模式：

（1）低年级：创设情境、引发思考 — 生活再现、感悟德知 — 活动思辨、指导德行 — 升华情感，生活践行。

（2）中高年级：生活调查、引发思考 — 事件辨析、感悟德知 — 活动体验、

指导德行 — 升华情感、生活践行。

两种教学模式，虽然具体流程有所差异，但主要都是由情境生疑、体验生情、思辨生慧、实践生行四个主要板块构成的。在实际教学中，课堂流程不模式化，板块可以调序或增减，也可以灵活、反复使用。情境生疑是调动已有经验的过程，体验生情和思辨生慧，是学生在活动中体验、探究、交流、思辨的环节，是深度学习的过程。生活践行是归纳拓展与践行的环节，是将德育认知落实于行的重要环节。

以二年级"大家排好队"一课为例，对这一流程进行具体说明。

（1）游戏创设情境，引发思考。组织学生分两队进行摸小球游戏，观察思考：其中一小队获胜的原因是什么？这一环节是在具体情境中引发思考，由此引起排队的话题。

（2）生活再现，感悟德知。首先组织学生交流：除了游戏，什么地方以及什么时候还需要排队呢？这样的话题有助于调动学生的已有生活经验，从而使其初步形成感知。其次，出示家乡地图，动手找一找、画一画需要排队的地方。在熟悉的场景中进行学习活动，可更好地指导学生生活。最后，将学生代入各种各样的排队场景，学生观察、体会、思辨、交流，形成排队保安全、文明有秩序的认知。

（3）活动体验，指导德行。这一环节以去济南乘坐地铁小蓝为主线，设计了四个层次的活动，活动全程以学生自身体验感悟和观察为主，在思辨中互动交流，形成认知：生活中我们怎样才能排好队，指导学生的道德行为。

（4）升华情感，生活践行。观察济南文明之景，排队领礼物离开，再次践行排队的规则。四个环节，重学生自主体验，重教师与学生、学生与学生之间的思辨。引导学生学会自我体验，表述感悟；学会发现问题，解决问题。以学为本，让学习在课堂真正发生，让德知、德情、德行得以自然生长。

（二）悦生探究，引领美好生活

鲜活的生活是品德课程资源的源头活水，而要激活其德育价值，我们就必须紧扣六大成长季，以基础课程为母课程，通过补充学校、社会等与同年段学生相适应的德育元素，设计层层深入的主题学习课程，引导学生在主题探究中学会参与生活、智慧生活，从而实现认知的深化、情感的升华、行动的坚定。

"悦生六季"主题探究类课程，就是以主题探究为教学课程的主体，引领学生体会生活、感悟生活，从而建构美好的生活。

一是明确学段主题。六大成长季有十二个主题，这十二个主题分别对应道德与法治课程的每个年段的年级素养目标。根据统编教材，将其他国家课程、地方课程、学校活动、社会资源等相关内容作为课程资源，整合成主题探究课程，这有利于国家德育课程内容更丰富、更具地域特点，更符合校情和学情，为年段核心素养的形成进行有益的补充。

二是探索落实途径。主题探究课程，以整合融通的形式进行，实现的途径可以是道德与法治课堂，可以是主题班会，也可以是主题竞赛、主题活动等。以"你好，小学生"为例，一年级统编《道德与法治》中"适应新生活"的主题特别适合一年级的入学教育。学校、年级的常规教育内容与我们课堂的实施有交叉、重复，也有很多有益的补充。于是，我们统整了教材、德育活动以及年级的常规教育，构建了"你好，小学生"主题探究课程。课程包括童谣诵读、歌曲学唱、绘本故事、影视欣赏、实践活动、习惯培养、路队学习、文明礼仪、生活能力等多个方面，以"道德与法治"课堂、晨诵、常规训练课、主题班会、校园实践为主阵地，在开学的第一个月有序推进，多学科教师、家长共同参与，实现了全员、全过程、全方位育人，让这批孩子迅速适应并悦纳自己一年级的新生活。

（三）悦生融合，促进德情发展

道德与法治的综合性，决定了课程内容、课程实施需要多角度地贯通与融合。悦生融合，即围绕同一个主题，多门学科、多种学习融于一体，以项目形式推进，比如：悦生六季中的生长课程、学科融合课程，这类课程的实施，需要我们打破学科壁垒，让学生将已有观念、多种学科知识、情感、意愿、情境等进行整合，实现知识与道德生活的对接，促进学生德情的发展。

实施路径："学科＋"。"学科＋"，即基于学科，冲破壁垒，联通知识，跨界学习，综合育人。我们以学科、儿童和社会需求为原点，以建构儿童立体知识网络为主旨，以系统设计，多维联结为关键，强调学科是基础，"＋"是突出学科间的内在联系，体现整体融合，强调学科与不同关键要素的深度链接和融合，实现多学科的一体化育人。

实施方式：多维联动。悦生六季课程的整合实施基于统整目标和关联内容，灵活进行课程实施，实现国家、地方、校本三级德育课程，以及德育课与少先队活动、实践活动、专题教育等的协作联动。由此，联通学校、家庭、社会，将课堂学习与课外实践相结合，将教师的教和学生自主活动相结合，优化教育教学方式，形成德育合力。

例如，在进行"这些东西哪里来"一课教学时，与综合实践活动课程、少先队课进行了联动实施。首先，带领学生参观伊利工厂，其次，在"道德与法治"课堂上进行讲解，最后，开展少先队课，进行劳动与成长的教育和评价。这样的联动基于统整目标和内容，实现互补优化，多学科内容相得益彰，学生有实践体验，有认知提升，有评价出行，切实提高了德育成效。

（四）悦生体验，启迪实践智慧

我们知道，道德与法治的学习要从生活中来，回到生活中去。那么，怎样回到生活中去？回到生活的哪个层次中去？也就是说，经过道德与法治的学习后，学生将带着什么素养回到自己的生活中去。对此，孙彩平教授从实践哲学的视角指出，实践智慧应是小学品德课程的核心素养。

因此，悦生体验指向学科与生活的深度链接，全方位解决教育与生活脱节、知识与生活分离的问题。引导学生从教室回归儿童的真实生活，以实践体验为主要学习，通过实践活动、调查研究、亲历生活、研学旅游等各种体验活动，调动学生多感官参与，将体验、情感、意志等融为一体。让实践成为教材，价值引领生活，学以致用，提升学生从生活和体验中感悟以及学习的能力，学会自主自觉成长，不断提升自身的实践智慧。从学科育人走向综合育人，实现知行统一。

（1）依托"教室小课堂"。从学科出发，依托道德与法治、班会、少先队活动课，进行少年儿童信念教育、礼仪养成教育、家国情怀教育、法治教育等。开发的"节庆课程""美食美客""少先队主题课程""法治在线课程"等，从课程实践的角度，促进学生形成良好的道德品质，实现社会性发展。

（2）拓展"学校中课堂"。学校通过学校品格主题月、学科节、探索节、生态课程、国际视野课程、游泳课程等，让学生走出教室，走出校园，形成序列化育人课堂，引导学生在体验中发现和提出问题，在亲身参与丰富多样的社会活动中，逐步形成探究意识和创新精神。

（3）融入"社会大课堂"。将道德养成从校内延伸到校外，依托"研学课程""地域文化课程""社会实践""社区服务"等，从知到行，进行礼仪修养、自我服务、感恩社会、公民责任、国际视野等的教育，在实践中践行，在践行中体验感悟，形成生活智慧。

六、课程评价

"悦生六季"德育课程评价重视学生德性成长的过程，突出激励成长、德智相长，通过多元化的评价，促进学生内化生德。

以"乖宝宝成长记"综合素养评价为主体评价，从"品格发展""学科素养""生活技能""身心健康"等多个维度对学生进行综合评价。将学生的评价与活动相结合，增强趣味性与实践性，开展"我是小小购物员""故事大王""走迷宫""穿越森林"等学科素养评价。与年段目标相结合，进行叠衣服、系鞋带等生活自理能力的考查。与品格教育相结合，开展"小马过河""同舟共济"等项目，检验学生的团队合作能力等。评价以学生的实际表现为依据，关注学生的多元发展以及健康成长。

第二节　"悦生六季"——立德养成季课程实例

一、"你好，小学生"课程实例

（一）课程纲要

"你好，小学生"课程纲要如表 10-2 所示。

表 10-2　"你好，小学生"入学适应课程纲要

学校名称	平阴实验学校				
课程名称	"你好，小学生"				
适用年级	一年级	总课时	2	课程类型	主题探究课程
课程简介	"你好，小学生"入学课程是为了使一年级新生较好地实现幼小衔接的过渡和适应，在日常行为规范方面，能够熟悉学校的规则、纪律，和同学、老师之间逐渐形成良好的交流氛围。同时，该课程通过各种趣味性的活动和课堂互动，明确各学科的基本要求和规范。在此基础上，加强老师、学生、家长间的交流，提升小学初始阶段家庭和学校之间的对接，使学生在认知、能力和情感上有充分的准备，从真正意义上帮助学生迈好"入学第一步"				

表 10-2（续）

背景分析	要上小学一年级的新生，他们将进入一个全新的、跟以往完全不同的教育环境。孩子从幼儿成为小学生，这是儿童发展的重要转折，社会、学校及家庭的新要求，智力活动骤增与文体活动的骤增，生活环境作息时间改变，这时如何使儿童发展系统中的阶段性和连续性正确地结合起来，是学生发展的整体教育系统中的主要矛盾，抓好幼小过渡，就是要根据儿童发展的可能性降低目前不适应的"坡度"，帮助儿童迈好学校生活的第一步，比较自觉地适应学校生活，爱老师、爱同学、爱集体，使他们的身心得到正常发展
课程目标	1.通过各种活动，了解在校一日常规、各科要求，能够独立自主完成一天的在校任务。 2.学会站立行走的正确姿势，言行文明，注意安全，明确学校言行的规范性和重要性。 3.认识学校、同学、老师，激发小朋友热爱学校，热爱学习，与身边的人友好相处的思想感情
学习主题/ 活动安排	1.班级文化及班级精神。 2.路队训练。 3.课前准备。 4.上课常规。（包括起立师生问好、坐姿、读书姿势、写字、执笔姿势、会举手、会站立、会发言） 5.课间及放学常规。（推桌椅、收拾课桌） 6.数学游戏。 7.晨诵儿歌、三字经背诵。 8.绘本故事。 9.生活技能：整理书包、叠衣服、叠小被子、就餐常规
实施建议	1.教师讲解、师范；学生跟做反复训练；编成儿歌反复诵读。 2.互动游戏。 3.队列训练。 4.对校园进行实地参观
课程评价	采用过程性评价与终结性评价相结合的方式，以过程性评价为主，既关注过程，又关注结果。在过程性评价中对学生学习过程中所表现出来的情感、态度、价值观等方面做出发展性评价，主要目的是激励学生，使学生有成就感，增强自信心。每节课结束后，老师要根据本节课的情况记录学生课堂表现，记录每堂课是否按照计划完成。在课堂上表现突出的小朋友要作好记录，并培养孩子的自信心和学习的兴趣

（二）课堂实例

以"你好，小学生"课程中"我是小学生"的课堂教学为例。

我是小学生

1. 教学目标

（1）观察图画，唱读儿歌，初步感受成为小学生的快乐。

（2）认识同桌、周围同学及老师，感受同学的友爱、教师的亲切。

（3）初步了解做一名小学生的基本要求，建立小学生的角色认同感。

2. 教学重难点

教学重点：能够清楚、响亮地说清楚"我是实验学校一年级X班的小学生。"

教学难点：初步感受成为小学生的快乐，了解做一名小学生的基本要求。

3. 教学准备

多媒体。

4. 教学过程

（1）联系实际，启发谈话。

①教师清唱歌曲《上学歌》前半段："太阳当头照，花儿对我笑，小鸟说：'早，早，早，你为什么背上小书包？'"

②谈话交流：我们是小学生啦，我们背着书包来上学啦！今天早晨来上学，你是怎么来的？你的心情是怎样的？

【设计意图】采用谈话的方式，让学生畅所欲言，在回顾亲历的事情中，了解"小学"与幼儿园的不同，以及自己的角色身份的改变。

（2）指导观察，读唱儿歌。

①说说图上画着什么人？他们在干什么？他们之间可能会说些什么？

②听老师朗读《上学歌》，想一想：在儿歌中，你听到了什么？

③儿歌中小鸟："早，早，早，你为什么背上小书包？"你会怎么回答小鸟呢？

④从歌曲中，了解小学生的基本要求。

从《上学歌》里，你了解到作为一名小学生要怎么做？

重点朗读："我去上学校，天天不迟到。爱学习，爱劳动，长大要为祖国立功劳。"

⑤听《上学歌》歌曲，听后交流：你听了以后，觉得歌曲里的小朋友上学时的心情是怎样的？

⑥学生跟着乐曲《上学歌》的伴奏，演唱《上学歌》。

【设计意图】在听读《上学歌》中，辅以问题式的任务驱动，培养学生边听边思考的学习习惯。并在亲身演唱歌曲中，感受上小学是一件非常开心的事情。

（3）实地走访，深度感受。

①过渡：同学们，背着小书包来上学，我们就是一名小学生了。接下来，我们要认识班级、老师、同学。

②（板书：我是小学生）认识周围同学及老师。

听一听：听老师做自我介绍。

问一问：同桌叫什么名字？

认一认：自己身边的同学分别叫什么名字？

说一说：能不能大声自豪地说出来"我是实验学校一年级X班的小学生。"（同桌互说——指名说）

（4）总结。

祝贺大家成为一名光荣的小学生，以后我们将在学校里学习各种知识，各种本领，健康快乐地成长。让我们幸福地喊出："我是实验学校一年级的小学生。"

二、"你好，红领巾"课程实例

（一）课程纲要

"你好，红领巾"入队课程纲要，如表10-3所示。

表10-3　"你好，红领巾"入队课程纲要

学校名称	平阴实验学校				
课程名称	你好，红领巾				
适用年级	一年级	总课时	8	课程类型	主题探究课程
课程简介	1.通过精心设计的入队课程，以隆重规范的入队仪式，激发队员们作为一名新队员的自豪感，增强队员们的责任意识。 2.教育引导广大少先队员牢记中华民族抵御侵略、奋勇抗争的历史，学习宣传抗日先烈的英雄事迹，大力弘扬爱国主义精神，培育和践行社会主义核心价值观。				

表 10-3（续）

课程简介	3.教育学生继承和发扬中国少年先锋队的优良传统，培养学生积极进取、健康向上的精神，促进我校红领巾教育事业的蓬勃发展
背景分析	少先队是中国共产党创立并领导的少年儿童群众组织，肩负着通过组织教育活动培养党的事业接班人的使命。保证少先队活动时间，系统实施少先队活动课，是经常化、系统化、科学化落实少先队组织根本任务的重要保证，是中国特色社会主义教育体系的重要内容。然而，刚进入一年级的孩子对少先队的了解较少
课程目标	1.帮助学生了解少先队的光荣历史，学习队章中有关队旗、队徽、红领巾、队礼、呼号等知识，懂得红领巾和队礼的意义。 2.使学生感受到成为少先队员是很光荣的，激发起他们加入少先队组织的愿望。 3.懂得入队前要严格要求自己，努力争当少先队员；入队后更要严格要求自己，用实际行动为红领巾增添光彩
实施建议	1.进行队前教育，辅导员给少先队讲解少先队知识，学习红领巾的系法。 2.队前教育，学习敬队礼以及队礼的意义。 3.我为家庭、社会做件事，走进光荣的少先队。 4.为一年级新中队授旗。 5.新老队员致辞。 6.辅导员致辞。 7.老队员给新队员佩戴红领巾。 8.教全体学生会唱国歌、队歌。 9.出旗、退旗训练。 10.向新队员讲解"队前教育十知道"、规范的行队礼姿势、入队宣誓、呼号训练，教育学生保持会场安静，穿好校服，戴好红领巾
课程评价	1.对少先队员的评价。要通过颁授"雏鹰奖章"、评选各级优秀少先队员等，对少先队员通过少先队活动课培养重要思想意识、促进全面发展的成效进行评价，及时进行过程性评价激励。注重队员自我评价和队员相互评价、少先队组织评价和家长、社会评价相结合。 2.对少先队集体的评价。注重对少先队集体在课程中的发展进步情况进行整体评价。评价主体是上级少先队组织，可采用观摩活动、查阅日志、观察环境、访谈问卷等方式，主要激励载体是评选优秀少先队集体
资源保障	六年级班主任和相关老师教老队员熟练掌握此方法，并正确佩戴好红领巾，使红领巾佩戴得平整、美观。学校大队辅导员对全部课程内容进行指导，并进行少先队知识和礼仪方面的教育，通过一封信的形式让家长参与到课程中来，保证课程的顺利实施

（二）课堂实例

以"你好，红领巾"课程中"队前教育"的课堂教学为例。

队前教育

1.教学目标

（1）组织新生学习、熟悉有关少先队的知识，即知道队名，知道红领巾、党旗、国旗、团旗的意义。

（2）培养学生能成为一名少先队员的自豪感。

2.教学重难点

知道红领巾、党旗、国旗、团旗的意义。

3.教学准备

多媒体。

4.教学过程

（1）课程导入。

同学们，你留意过高年级的大哥哥大姐姐来上学的时候，每天都佩戴什么吗？

（2）认识红领巾及其含义。

教师：（出示红领巾）孩子们，你们知道这是什么吗？谁想用小手来摸摸它？

学生：看着红领巾，用自己的小手抚摸。

教师：你们知道红领巾为什么是红色的吗？

学生自由回答。

教师总结：红领巾是少先队员的标志，它代表红旗的一角，是用革命先烈的鲜血染成的，你们知道为什么说"红领巾是革命先烈的鲜血染成的"吗？我给大家讲个故事（董存瑞炸碉堡等革命故事）。

交流感受。

同学们，刚才老师讲了董存瑞的故事，你有什么想说的吗？

你们还知道哪些革命先烈？

学生讲述先烈故事。

教师：（小结）为了让人民能过上幸福的生活，许许多多革命先烈英勇牺牲了。"红领巾是用革命先烈的鲜血染成的"是一种打比方的说法，意思是说今天的幸福生活是革命先烈用鲜血和生命换来的，随着年龄的增长，你们会更加地理解这句话的。（拿起红领巾）少先队员戴红领巾，一方面是为了纪念革命先烈们，另一方面，是用红领巾激励我们要珍惜今天来之不易的幸福生活，发扬革命先烈的精神，继承革命先烈的事业，好好学习，全面发展，早日成为建设祖国的有用人才。再过不久，你们就会戴上鲜艳的红领巾，加入中国少年先锋队，成为一名光荣的少先队员了。佩戴上红领巾就要爱护它为它增添新的荣誉。你们愿意吗？

学生：愿意。

（3）了解中国少年先锋队的含义，并认识党旗、国旗、团旗。

教师：今天，老师给你们讲讲什么是中国少年先锋队。中国少年先锋队是以"先锋"命名的，孩子们你们知道"先锋"的意思吗？

学生：（回答）。

教师总结：先锋是指开辟道路的人，为了人民的利益走在前面的人。如毛泽东主席、周恩来总理等老一辈革命家等。作为一名少先队员，我们要以先锋为榜样，继承他们的事业，为我们的祖国做出自己的贡献。中国少年先锋队是中国少年儿童的群众组织，是少年儿童学习共产主义的学校，是建设社会主义和共产主义的预备队。它是由中国共产党创立的，由中国共产党委托中国共产主义青年团领导。

（4）出示党旗、国旗、团旗，并分别介绍旗帜图案构成的意义。

（5）学生认识党旗、国旗、团旗，与同桌互相讲述。

第三节　"悦生六季"——文明共生季课程实例

一、"学《弟子规》，做有根的人"课程实例

（一）课程纲要

"学《弟子规》，做有根的人"的课程纲要如表 10-4 所示。

表 10-4　"学《弟子规》，做有根的人"课程纲要

学校名称	平阴实验学校

表 10-4（续）

课程名称	学《弟子规》，做有根的人				
适用年级	二年级	总课时	10	课程类型	拓展课程
课程简介	《弟子规》是教人懂规矩、守规矩，是告诉人们在家庭、在社会应该以什么样的态度方式为人处世。品德是什么？品德就是习惯。良好的习惯就是高尚品德，就是贤德，反之，则是品德低下。如果我们以"孝、悌、仁、爱"的基本理念，规范我们的行为，从而养成我们良好的生活、工作习惯，就会成为有良好品德的贤德之人。"圣与贤，可驯致"				
背景分析	立德树人是德育教育的总体要求。中华民族在漫长历史发展中形成的独具特色的文化传统，深深影响了古代中国，也深深影响着当代中国。当今我们强调以人为本、与时俱进、社会和谐、和平发展，既有着中华文明的深厚根基，又体现了时代发展的进步精神。"《弟子规》所弘扬的"泛爱众，而亲仁"实际也包含有以人为本、和谐社会的思想				
课程目标	一、知识与技能 1. 结合生活实际，学习《弟子规》 2. 讲《弟子规》故事、践行《弟子规》精神、创编现代版《弟子规》。 二、过程与方法 初步感受中华传统文化的丰富内涵，培养学生对传统文化的热爱，明白勤学好问、有所作为，人生才有意义的道理。 三、情感态度与价值观 提高学生的读书兴趣，多读经典，多加积累。学习经典中的积极之处，好好做人做事				
实施建议	从教师单纯的知识传授向有效的学习策略转变，从单一的学科教育为目标向以全人教育为目标转变，从升学教育向终身教育转变。重视学生自信心的培养，使他们保持积极向上的学习态度，养成良好的学习习惯和形成有效的学习策略，发展自主学习的能力和合作精神；课程资源的开发和利用要紧扣基础学校特色，符合学校办学理念，立足全体学生素质的全面提高，培养创新教育的教师，使学生成为"学会求知，学会做事，学会共处，学会做人"的新型人才				
课程评价	采用过程性评价与终结性评价相结合的方式，以过程性评价为主，既关注过程，又关注结果。在过程性评价中对学生学习过程中所表现出来的情感、态度、价值观等方面做出发展性评价，主要目的是激励学生，使学生有成就感，增强自信心。每节课结束后，老师要根据本节课的情况记录学生课堂表现，记录每堂课是否按照计划完成。在课堂上表现突出的小朋友要作好记录，并培养孩子的编、导、演等舞台方面的特长				
资源保障	1. 坚持每天的教研制度，保证课程的开发与实施工作不断完善和向纵深发展。 2. 年级统一安排主题活动，课程有规划，有具体实施。 3. 家长参与其中，和学校步调一致，要求及评价一致				

（二）课程实例

以"学《弟子规》，做有根的人"课程中"品读经典"的课堂教学为例。

品读经典

1. 教学目标

（1）第一章开宗明义篇首先要让学生了解《弟子规》这本书的内涵，知道做人的基本道理，结合书中的故事了解"大圣人"——孔子。

（2）运用多种方法激发学生阅读的兴趣，同桌拍手读、男女生对读、表演读、演唱读，让学生充分多读，使其达到熟读成诵的效果，最主要的是让学生喜欢上读《弟子规》。

2. 教学重难点

采用各种方法诵读课文，演绎课文，领悟课文的内涵，在生活中践行孝敬之道。

3. 教学过程

（1）音乐导入，设疑引出《弟子规》。

播放《弟子规》演唱版，激发学生学习《弟子规》的兴趣。

提问：大家喜欢听吗？想不想和里面的小朋友一起学着唱唱？

那好，请同学们拿出《弟子规》这本书，知道这本书里面的教诲都是谁说的吗？（出示孔子画像），老师利用讲故事的形式讲述书本第3页的《伟大的教育家孔子》。猜猜《弟子规》是讲什么的呢？

（2）自由诵读、整体感悟。

①读一读，想一想，《弟子规》主要的内容有哪些？是什么意思？

（板书：孝、悌、谨、信、爱、仁、学文。）

②原文是怎样介绍这些内容的？了解先后次序。

③同桌拍手读、男女生对读、演唱读、表演读。

④提示：在这些内容中，作者为什么把"学文"放在后面呢？难道学习文化知识不重要吗？

（3）交流方法展示成果。

同学们喜欢用哪种方法学习《弟子规》？

请自由组合，一起商量并准备表演。

学生交流、准备。

请学生用自己喜欢的方式演绎《弟子规》。

小结：我们班同学真是多才多艺，学习方法很巧妙，很有趣。希望同学们在今后的学习中，也能用上这些有趣的方法，还可以创造更多的新方法，使我们的学习更加有趣。

同学们欣赏了古腔古韵的《弟子规》，有什么感想和启发吗？

（4）拓展——深化认识。

老师介绍：古代的"忠""孝""仁""义"等思想在现代社会仍然被人们所推崇。湖北有一个退休工作人员编写了一本新《家训》受到家长、老师以及同学们的喜爱。

课件显示：羊有跪乳之恩，鸦有反哺之情，孝也！

蜜蜂职责分明，大雁飞行有序，礼也！

鸡非定时不鸣，燕飞春社不至，信也！

鹿得草而寻群，蚁得食而报众，义也！

蜘蛛结网而食，鹦鹉学舌而语，智也！

诸物本无知，却具天性美德，

人为万物之灵，立身处世，岂肯愧对于物？

最后老师给大家一些寄语：（课件显示）

忠心献给祖国，孝心献给父母，爱心献给社会，诚心献给伙伴，上进心留给自己。

（5）总结。

同学们，中国古代的经典文化，经历历史风雨的洗礼，仍然流传至今，必然有它存在的原因。同学们在以后的课外阅读中，要多接触一些古诗文，并且做到学以致用、古为今用。那样，不仅会获得无穷的乐趣，积淀深厚的文化底蕴，而且一定会像《弟子规》最后几句所说的"勿自暴，勿自弃，圣与贤，可驯致"。

二、"创意小达人"课程实例

（一）课程纲要

"创意小达人"的课程纲要如表 10-5 所示。

表 10-5　"创意小达人"课程纲要

学校名称	平阴实验学校				
课程名称	创意小达人				
适用年级	二年级	总课时	10	课程类型	拓展课程
课程简介	当儿童在从事手部活动的同时，也在增强脑部活动。我们旨在通过黏土捏塑、剪、撕、折纸、缝和编织等手工活动，让孩子在排列组合的过程中，不仅可以锻炼手部肌肉的操作能力，而且通过这些动作的练习，来促进手眼协调的能力，并强化肌肉和手腕关节运动。孩子对于肌肉的控制能力越精确，专注时间就能越久，既能构建稳定的专注力，也能培养对挫折的容忍度，更可通过造型的思考活动，使儿童的左右脑得到更充分的开发				
背景分析	造成小学生创造力发展的原因主要有： 一家庭教育方式不当，父母教育观念的落后和错误； 二是教者的定向思维扼杀了学生的创造力； 三是学生自身的不良心理倾向				
背景分析	培养小学生的创造力是全面树立和落实科学发展观、认真贯彻落实《国家中长期教育改革和发展规划纲要》的需要。创造并不是新鲜事物，也不是新鲜话题，现在我们学生几乎每天都在创新中生活学习，常常不自觉地就参与了创造，体验了创新。实践证明：积极开展科技、劳技、美工、健体、阅读以及革命传统、安全卫生、感恩与忆苦思甜等方面的创新教育，不仅可以开发学生潜能，培养学生创造性思维、磨炼意志，陶冶情操，而且能够实现学生的个性化发展，不断培养和提高小学生的创造力				
课程目标	通过开展编制玫瑰花、串珠、纸工等手工活动的研究，把美术、德育和校本兴趣课程等学科中的手工制作类课程进行整合，在常规课程教学和校本兴趣课程中进行"创意益智手工"实践，逐渐形成独具特色的校园益智手工文化和具有学校特色的校本课程。 通过本课题的研究，增强学生的动手观念，培养学生的观察注意能力、想象创造能力、动手操作能力、空间思维能力、语言表达能力等，并通过多样的手工创意活动调动起学生参与的兴趣与积极性，从而在实践中获取知识、发展特长				

实施建议	学校办学条件是实施创新教育、培养学生创造力的物质基础和先决条件。俗话说："巧妇难为无米之炊。"如果一所学校连实施创新教育的场地、功能室、实验的仪器、素材都没有，何谈创新实践和创造力培养？因此，小学要抓好创新教育，培养小学生的创造力，首先，必须从办学条件下手，配备好美术书法室（书法、绘画）、卫生室、微机室、科技室、图书室、阅览室、实验室、劳技室（泥塑、编织、雕塑、剪纸、布贴）、队部活动室、体育室等活动室。其次，要结合当地、本校实际，合理有效利用现有公共教育资源，开辟德育基地和劳动教育基地等，为学生开展活动提供广阔的、全新的空间和舞台。最后，如今是信息时代，知识日新月异，科技发展迅速。因此，要实施好创新教育，培养好小学生的创造力；校园建设方面，还必须连接互联网，实现"班班通"，配齐电子白板和投影仪等现代教育设备，充分发挥现代教育技术在创新教育领域的优势，切实提高课堂教学效率
课程评价	采用过程性评价与终结性评价相结合的方式，以过程性评价为主，既关注过程，又关注结果。在过程性评价中对学生学习过程中所表现出来的情感、态度、价值观等方面做出发展性评价，主要目的是激励学生，使学生有成就感，增强自信心。每节课结束后，老师要根据本节课的情况记录学生课堂表现，记录每堂课是否按照计划完成。在课堂上表现突出的小朋友要做好记录，并培养孩子的编、导、演等舞台方面的特长

（二）课程实例

以"学《弟子规》，做有根的人"课程中"七彩拼图"的课堂教学为例。

七彩拼图

1. 教学目标

（1）知识与能力：知道七巧板是由七块图板组成的，会用七巧板拼图。

（2）过程与方法：经历认识七巧板并用七巧板拼图的过程。

（3）情感、态度与价值观：增强想象力和观察力，感受用七巧板拼图的乐趣和我国劳动人民的智慧。

2. 教学重难点

教学重点：能自己设计简单的图案，增强数学与生活的联系。

教学难点：构想并设计简单图案。

3. 教学过程

（1）创设情境导入。

欣赏导入——通过播放视频，学生欣赏七巧板拼出的图案，提高学习兴趣。

兴趣是最好的老师，这个环节，可以帮助学生感受七巧板的魅力和神奇，激发学生动手操作的欲望。

（2）深入探究。

初步感知——认识和了解七巧板，老师带领学生了解它为什么叫作七巧板。

七巧板的来历：别名"东方魔板"，以及各部分的组成和名称。

再让学生做一个小填空题：七巧板由（　）种图形组成，其中正方形有（　）个，三角形有（　）个，平行四边形有（　）个。同学们观察着手中的七巧板，自主数数填空。学生通过手、脑、语言三者的结合，增强学习新知识的信心。

（3）实践创新。

动手操作——学生独立用七巧板拼出各种不同的图案，进行展示交流。这个环节是整节课的重点，引导学生理解为什么它为什么叫"七巧板"。"巧"就是学生只要能够开动脑筋，七巧板就能变换各种不同的图案。

第一步，先欣赏老师的作品，让学生明白七巧板原来可以拼房子、帆船、小鱼、长颈鹿等。

第二步，老师辅导学生拼出有趣的图案。最后派出代表通过投影仪汇报各组的作品展示。

（4）创作并美化七巧板。

选择一个主题用2～3副七巧板进行创作，并进行适当的美化。学生创作并美化。（教师指导）

学生展示交流作品，修改完善自己的作品。

（5）总结。

本节课我们学习了七巧作品的美化，知道了美化的好处，并学会了如何运用画笔或者电脑对七巧作品进行适当美化，注意背景添加切勿喧宾夺主。下节课我们将进行用更多幅七巧板的创作。

（6）作业布置。

构想一幅画面用七巧板表现出来吧，可以采用绘画的形式，也可以采用拼贴的形式，下节课我们一起来欣赏。

第四节 "悦生六季"——尚善感恩季课程实例

一、"我是最美实验人"课程实例

（一）课程纲要

"我是最美实验人"的课程纲要如表 10-6 所示。

表 10-6 "我是最美实验人"课程纲要

学校名称	平阴实验学校			
课程名称	我是最美实验人			
适用年级	三年级	总课时	5	课程类型	拓展课程
背景分析	古人云："老吾老以及人之老，幼吾幼以及人之幼。"人与人之间互相帮助，这是中华民族的传统美德。看到他人遇到困难时抛开一切杂念，伸出援手，人与人之间传递正能量。那正是"只要人人都献出一份爱，世界将变成美好的人间！" 中小学生正处在成长发育的重要阶段，其人生观、价值观尚未形成，可塑性很强。因此，我们在德育工作中大力倡导"团结友善"教育，努力提高学生的道德素质，对促进学生全面发展，培养一代有理想、有道德、有文化、有纪律的新时期好少年具有重要的现实意义				
课程目标	1.让学生学会用豁达宽容、团结友善的心态与他人和睦相处，不自私自利，不搞小团体，不拉帮结派。 2.要求学生在平时的学习生活中，关心集体、热心公益、相互帮助、相互爱护，从而形成一个团结互助的良好氛围。 3.培养学生团结、相互协作的能力				
实施建议	一、引领活动 活动一："我是最美实验人"国旗下演讲。 活动二：召开"我是最美实验人"主题班队会活动，结合"母亲节"穿插有关感恩孝亲的内容。 活动三：年级拔河比赛活动。 活动四："团结友善和谐"相关的教育电影。 活动五："友善和谐"主题手抄报。 比赛规则：淘汰赛，取年级前三名奖励。 二、自主活动 活动一： 1.给父母捶捶背、打一盆水，洗一洗脚 要求：在母亲节这天，做力所能及的事情，感恩父母。要求每位学生都有行动				

表 10-6（续）

实施建议	2. 每人讲一个有关"团结友善"的经典故事 要求：教育学生在家长的帮助下，每人准备一个有关"团结友善"的经典小故事（名人故事、同学之间的故事、童话故事等等都行）。并利用本月班队会时间讲给全班的同学听。 活动二： 1. 自制一张"感恩贺卡"送给母亲 要求：每位同学利用母亲节前的时间制作一张精美的贺卡，在母亲节的当天送给妈妈，并写上要对妈妈说的话。 2. 自制精美的"友谊卡"送给要好的朋友 要求：自己制作精美的友谊卡送给要好的朋友，并写上对朋友说的话。班主任老师利用某一节班队会时间统一组织学生进行赠送活动。 活动三： 1. 给妈妈（或爸爸）写一封信 要求：每位同学利用母亲节前的时间，给妈妈写一封信，在信里面说出自己平时要说却又说不出口的知心话。班主任老师利用班级群要求每位妈妈或爸爸一定要给孩子写一封回信。班主任老师可利用班会分享写得较好的孩子或父母的信，以达到更好的教育目的。 2. 格言、谚语、歇后语、警句接龙比赛 要求：每位同学都积极搜集有关团结友善的格言、谚语、歇后语、警句。班主任利用班队会组织本班学生进行比赛。 比赛办法：可将全班同学分成两大组或若干小组，双方的谚语、格言等不能重复，一方念完后另一方必须在 10 秒钟内接上一句，超时、重复的组算输
课程评价	采用过程性评价与终结性评价相结合的方式，以过程性评价为主，既关注过程，又关注结果。在过程性评价中对学生学习过程中所表现出来的情感、态度、价值观等方面做出发展性评价。每节课结束后，老师要根据本节课的情况记录学生课堂表现，记录每堂课是否按照计划完成。在课堂上表现突出的小朋友要做好记录
资源保障	1. 坚持每天的教研制度，保证课程的开发与实施工作不断完善和向纵深发展。 2. 学校在物力上给予最大的支持。 3. 学校将对参加校本课程的开发与实施工作的教师给予一定的奖励。如有突出成绩的，将在评优、评先时给予倾斜。 4. 组织的保障

（二）课程实例

以"我是最美实验人"课程中"一切从友善开始"的课堂教学为例。

一切从友善开始

1.活动目的

（1）使学生通过学习友善的品格，学会友善对待他人之道；

（2）培养学生关于"友善"的良好品格；

（3）使学生以实际行动践行社会主义核心价值观。

2.活动形式

班主任主持，全体学生积极参与。以学生为主体，让学生从小事中悟出大道理。采用个体活动和小组活动相结合，培养学生的组织和表达能力。

3.活动过程

活动地点：三（1）班教室；活动人员：三（1）班全体同学。

（1）看PPT上所展示的图片，引发学生的思考。

通过观看图片引出主题"友善"，你想别人友善地对待你，你首先要友善待人。

（2）情景一：早晨的校园宁静清新。操场上、教室里还没有什么人来。只有你在树荫下看书。这时，你的同学小红来到学校，不知怎么回事，脚下一个踉跄，摔了一跤（恰巧你看到她摔跤，她却没有看见你）……

这时候你会怎么做？为什么？

思考、讨论……

引出：友善首先是在别人需要的时候毫不犹豫地伸出援助之手，同时要站在别人的角度上思考问题，以恰当的方式表达我们的友善，尊重他人也是一种友善的品格。

（3）小品《绊倒了》。

目的是通过小品引发学生关于"友善"的思考，引导学生探究摔倒的学生究竟被什么绊倒了。

引出友善也表现为良好的礼仪修养和素质。

（4）小品《撞了》。

引发学生的思考：怎样做才是友善的？友善的人应具备哪些品格？

（5）"友善的星星"悬挂在星空下。

引导学生将友善作为自己的行为准则去身体力行。

（6）独唱《兄弟难当》。

（7）游戏"收获惊喜"。

老师通过游戏，告诉大家只要目标明确，朝着"友善"这个方面去努力，你就能收获惊喜。

（8）总结。

从践行社会主义核心价值观的高度去告诉大家"友善"的重要性。

（9）合唱《左手右手》。

二、"感恩见行动"课程实例

（一）课程纲要

"感恩见行动"的课程纲要如表 10-7 所示。

表 10-7 "感恩见行动"课程纲要

学校名称	平阴实验学校			
课程名称	感恩见行动			
适用年级	三年级	总课时	8	课程类型
课程简介	学会感恩是做人的重要内涵。然而，许多学生认为父母对自己的付出是天经地义的，老师对自己的辅导是责无旁贷的，别人对自己的资助是理所当然的，没有感恩意识。我们将通过感恩教育系列活动，让学生懂得"滴水之恩当涌泉相报"的道理，懂得父母养育了我们，我们应该感谢父母老师培育了我们，我们应该感谢老师；别人资助了我们，我们应该知恩图报。在实践中学会感恩，把学生培养成为心地善良、懂得报恩的文明人			
背景分析	中华民族历来是礼仪之邦，重亲情、讲孝道是我们民族的优良传统，可是如今的孩子是家中的"小太阳"，一家几口人都围着他（她）转。有些孩子因为家长过度溺爱而变得飞扬跋扈，完全不把父母放在眼里。不仅如此，有一部分同学花钱大手大脚，存在着极大的浪费现象。有一部分同学对这些"来之过易"的学习、生活用品并不珍惜，频繁换新，随手就扔、随便就丢的现象非常严重。为此，我们三四年级决定以"感恩父母，我们在行动"为主题开展一系列的实践体验活动，让他们深入了解父母的辛苦，以实际行动感恩父母			

注：课程类型一栏对应"主题探究课程"。

171

表 10-7（续）

课程目标	1.培养学生感恩的意识,体会父母的辛苦,学会在生活中孝敬长辈、感恩父母、培养爱心,从而以爱心唤醒爱心、换取爱心、传达爱心,使爱得到迁移与升华。 2.引导学生学会和父母和谐相处,学会感激父母付出的辛劳,并能把感恩的意识融入平常的生活中。营造出以德立身、以孝兴家、祥和共融的社会风尚
学习主题/ 活动安排	一、养成感恩的习惯 1.活动目的:从生活中的小事做起,养成感恩父母的习惯,培养学生敬爱父母的品质。 2.活动内容:下发"感恩父母,我们在行动"学生日常评价表,学生根据表格内容尝试去做,家长对学生进行评价。教师每周周一总结,评出"孝心章"表格。 3.活动时间:5月4日—6月5日。 二、体验父母的辛苦 1.活动目的:让学生了解父母的辛苦,懂得为人父母的不易,从而增强孝敬父母的意识。 2.活动内容及时间: 第一阶段:确定主题。（5月11日） 第二阶段:准备阶段——通过观察、询问的方式,调查父母一天的工作、家务的内容以及休息时间,了解父母的辛劳,并以观察日记的形式详细记录下来。（5月13日—5月15日） 第三阶段:实践体验阶段——通过一系列亲身体验活动,体验父母的辛劳。 （1）当一周小家长,写体验日记。（5月16日—5月20日） （2）守护鸡蛋行动。（5月21日—5月25日） （3）校园摆摊,体验挣钱的艰辛。（活动前统计物品名称和数量）（5月27日）
学习主题/ 活动安排	三、学唱感恩歌曲 1.活动目的:用音乐感染学生心灵,懂得知恩、感恩、报恩。 2.活动内容:每周学唱一首感恩歌曲,如《感恩的心》《烛光里的妈妈》《父亲》。 四、回报一份爱心 1.活动目的:懂得感恩父母,学会用自己的方式回报父母的爱心。 2.活动内容: 第一阶段:召开"感恩父母"主题班会,邀请家长参加,对上述活动进行总结,并启发孩子用自己的形式回报父母的爱心。（5月25日） 第二阶段:回报父母的爱——给父母写信、送父母一份小礼物（精美的卡片、漂亮的图画、精致的手工作品）等一系列活动,让学生懂得知恩、感恩,回报父母的爱（5月28日—6月1日）
学习主题/ 活动安排	第三阶段:举办"六一"亲子活动,现场为家长赠送礼物,唱感恩歌曲。 第四阶段:感恩社会,为老人送去一份爱心

表 10-7（续）

实施建议	感恩是中华民族的优良传统，也是全人类的美德。感恩是社会上每个人都应该有的基本道德准则，是做人基本的修养，是一种处世的哲学。一个缺乏爱心，不懂得感恩的人，长大后不可能懂得体谅、关心他人，不懂得孝敬父母、尊敬师长，也难以与人交往，更谈不上爱同学、爱母校、爱国家、爱民族
课程评价	1. "感恩心语录"评比展示活动。 2. 班主任例会，交流感恩教育活动总结。 3. 学校举行"感恩"教育活动总结表彰会。 主要议程：总结感恩教育活动；评选感恩教育活动优秀组织奖；评选"感恩心语录"；颁发感恩章（每班 3 名）
资源保障	建立健全保障机制。高度重视，安排专人负责，层层落实，把感恩教育与社会主义核心价值观教育融合在一起。 开展教育活动，培养学生对国家、对父母、对同学的感恩之情，时时处处以感恩之心待人接物。结合学生年龄特点，制订详细的活动方案，细化活动内容、探索方式方法、合理安排活动时间，确保活动效果。 营造氛围，抓好工作的开展。开展观看感恩影片、吟诵感恩诗歌、传唱感恩歌曲、推介感恩美德、讲感恩格言的活动，观看《年度感动中国十大人物》等感恩经典作品活动，形成积极向上的感恩文化氛围

（二）课程实例

以"感恩见行动"课程中"护蛋行动"主题活动为例。

"护蛋行动"活动方案

1. 活动意义

让学生通过亲身体验，体会保护一个易碎的鸡蛋是很不容易的，体会到生命的脆弱，在我们的身边有许多事物需要我们给予关心爱护，对学生进行责任感的教育。让学生由自己保护一个鸡蛋的感受，体会到父母、老师在长期培养自己的过程中所付出的艰辛，引导他们体谅父母、教师，并从关爱父母、老师以及身边的同学开始逐步学会关爱他人。

2. 活动目的

让学生在今后的生活和学习中养成细心照料自己周围需要关心的人；让学生体会做事的艰难，养成认真负责的好习惯。让学生体验责任感，体验感悟父母的养育之恩；让学生受到"爱"的教育，懂得用实际行动回报父母给予的关爱。

3. 活动要求

（1）每个同学准备一个生鸡蛋。这个道具"生鸡蛋"在这里被当作一个小生命，同学们就是这个"蛋宝宝"的守护神。

（2）在"护蛋行动"开展过程中，要及时记录自己的护蛋感受（护蛋经过、遭遇、体会、感想）；每个鸡蛋都有自己的记号，不可随意替换鸡蛋。

（3）如果活动时间鸡蛋破了，请自行处理，并推出"护蛋"资格，护蛋成功者，将获得一份神秘礼物。

（4）每天要将鸡蛋随身携带，并要求每天放学后交给老师检查。

4. 活动时间

自领取日起，保护三天，第四天送到学校。

第五节　"悦生六季"——睿行致知季课程实例

一、"我是社区小主人"课程实例

（一）课程纲要

"我是社区小主人"的课程纲要如表 10-8 所示。

表 10-8　"我是社区小主人"课程纲要

学校名称	平阴实验学校				
课程名称	我是社区小主人				
适用年级	四年级	总课时	4	课程类型	拓展课程
课程简介	懂得邻里生活中要讲道德、守规则，与邻里要和睦相处，爱护家庭周边环境。体验公共设施给人们生活带来的便利。形成爱护公共设施人人有责的意识，能够自觉爱护公共设施。该活动为我们呈现了社区的配套公共设施、和睦的人际关系，精彩的社区生活，引领学生走进社区生活，关注社区生活				
背景分析	学习本内容是让学生了解到自己所在社区的公共设施作用，初步感受到人与人之间和睦相处的重要性，从图画中感受到社区的精彩生活，初步具有关心社区的意识。学生生活环境：社区是学生非常熟悉的生活环境。社区里一件件小事在学生身边发生，比如传达室大爷的热心助人，车棚阿姨的认真负责，对花草树木的随意采摘，邻里因小事而争吵等，但是多数学生熟视无睹，缺少作为一名社区成员的归属感和责任感。正因如此，学生能力提升点：提升道德认知并将道德认知转变为道德行为和生活习惯。懂得建设美好社区是每个人的责任和义务，愿意主动为社区做力所能及的事				

表 10-8（续）

课程目标	1. 了解自己所在社区的名称，感受社区为自己提供的优美的环境，感受社区人的美好品质。 2. 自觉爱护和维护社区的公共设施，为社区环境写宣传语。 3. 在一个月的时间里主动为社区做一些力所能及的事情。懂得建设美好的社区是社区里每个人的义务和责任
学习主题 / 活动安排	"社区的公共设施""和睦相处""精彩的社区生活"
实施建议	第一，这是学生成长的需求。四年级的学生随着生活领域的逐渐扩大，已经由个人到家庭到社区。社区是个小社会，实践活动会打开他们的视野，给予学生更多的生命体验，感悟不一样的人生。 第二，是和谐社会的要求。组织学生参与社区服务、公益宣传、交通协管等志愿者服务和公益活动，通过接触生活，增强社会责任感。用一个月的时间让学生记下为社区做的点滴事情，将行为形成习惯，就是在培养学生的社会责任感，激发热爱社区、热爱生活的美好情感
课程评价	采用过程性评价与终结性评价相结合的方式，以过程性评价为主，既关注过程，又关注结果。在过程性评价中对学生学习过程中所表现出来的情感、态度、价值观等方面做出发展性评价，主要目的是激励学生，使学生有成就感，增强自信心。每节课结束后，老师要根据本节课的情况记录学生课堂表现，记录每堂课是否按照计划完成
资源保障	1. 坚持每天的教研制度，保证校本课程的开发与实施工作不断完善和向纵深发展。 2. 提供社区，在物力上给予最大的支持。 3. 学校将对参加校本课程的开发与实施工作的教师给予一定的奖励。如有突出成绩的，将在评优、评先时给予倾斜。 4. 组织的保障

（二）课程实例

以"我是社区小主人"课程中的"社区的公共措施"主题活动为例。

社区的公共措施

1. 教学目标

（1）真切地体会到社区公共设施和社区成员的生活是息息相关的。

（2）正确借助公共设施解决生活中的问题。

（3）知道爱护公共设施人人有责，能够自觉爱护社区公共设施。

2. 教学重难点

（1）自觉爱护社区公共设施。

（2）学会借助相关的社区公共设施解决生活中的实际问题。

3.教学过程

（1）谈话导入。

师：通过上节课的学习，我们已经了解了社区的各种设施所在的位置和使用情形，明白了社区成员每天的生活都离不开公共设施。怎样借助社区里相关的公共设施解决问题，怎样更好地维护公共设施呢？这节课，我们继续进行学习。

（2）用好公共设施。

①加强学校和社区的联系。

师：同学们，我们学校有许多体育运动设施，上课期间，这些设施是供我们同学使用的，当我们放学了，这些设施是否应该免费向社区开放呢？不同的同学可能会有不同的看法，现在我们就这个话题展开一场辩论，怎么样？

（明确双方观点）

正方的观点：学校的体育运动设施应该免费向社区开放。

反方的观点：学校的体育运动设施不应该免费向社区开放。

师：你认为双方辩论的焦点是什么？

（学生讨论，教师归纳）

（明确辩论要求，教师宣布辩论要求）

师：表达观点要有条理，辩论时要注意礼貌。

双方展开辩论。

教师小结：社区公共设施与社区成员有着密切的联系，我们应从实际出发，加强学校与社区之间的联系。当然在开放的同时我们应该加强管理，保护好设施不被损坏。学校的设施向社区开放，是为了服务人民，那么我们如何借助社区的公共设施来解决实际问题呢？

②合理利用社区公共设施。

（创设情景）

师：一天，爸爸出差了，只有你和妈妈在家里。一早起来，妈妈发烧了，你该怎样借助社区里的公共设施解决问题呢？

（小组讨论）

先允许学生有各种不同的方法，比如可以打电话到社区医院，可以跑到社区的药店买药等，再想想以哪种谈话方法导入。

③维护公共设施。

出示社区设施好的和被损坏的照片，谈谈看法。

结合实际说说自己是怎样来维护社区公共设施的。

（3）拓展。

编写有关自己和社区里的其他小朋友爱护公共设施和注意安全的小故事，并在班级里进行交流。

二、"低碳生活我做主"课程实例

（一）课程纲要

"低碳生活我做主"的课程纲要如表10-9所示。

表10-9　"低碳生活我做主"课程纲要

学校名称	平阴实验学校		
课程名称	低碳生活我做主		
适用年级	四年级	总课时	9
背景分析	目前，我国正在开展建设资源节约型、环境友好型社会。节约的美德、环保的理念是校园文化的一个重要体现，也是师生文明素养的重要标志之一。学校作为开展生命教育的实验校，在学生中倡导节约环保理念，引导学生节约资源、保护环境、建设绿色家园，是使学生进一步认识生命、珍爱生命的重要途径之一		
课程目标	1.培养同学们养成绿色出行、绿色消费的好习惯。激发学生保护地球、节约能源的热情。培养学生团结协作的精神。 2.知道汽车尾气对空气、环境的污染，提高保护环境的意识，同时参与绿色出行行动，初步掌握生活中节能减排的方法。 3.提高学生借助网络处理信息和整理信息的操作能力		
课程内容	1.提倡健康步行活动。开展慢步走、健步走等宣传引导活动，号召爸爸妈妈上下班期间解放自己的双脚，积极锻炼身体，体验绿色生活；引导市民走路要走人行道，过路要看红绿灯、走斑马线，做到红灯停、绿灯行，不翻越道路隔离设施。		

表 10-9（续）

课程内容	2. 提倡绿色骑车行活动。重点开展绿色骑行引导行动。动员父母骑自行车上下班、接送小孩，推广"时尚健康，环保低碳"的骑行文化理念；引导非机动车驾驶人骑车不闯红灯、不乱穿马路、不驶入机车道，车辆有序停放。 3. 提倡文明行车活动。提倡发扬互助精神，相互搭车、拼车上下班和上放学。宣传交通法规和交通礼仪，引导父母自觉服从交警指挥疏导，告别随意穿插等交通陋习，做到行车有道、驾驶有德
课程安排	1. 宣传发动阶段。广泛宣传绿色出行的目的、意义，印发"倡导绿色出行，支持城市建设"文明交通主题宣传实践活动倡议书。 2. 安排部署阶段。实际制订具体工作方案。 3. 组织实施阶段。结合假期，认真落实各项措施，认真组织开展活动
活动过程	1. 向全校学生发放"绿色出行"活动倡议书。组织各班利用班会时学习倡议书中的内容，达成共识。 2. 将"绿色出行"倡议书带回家，向父母进行宣传。采取"小手拉大手"，共同响应低碳生活 3. 利用寒暑假、双休日，在教师、家长的指导下，开展志愿服务队进社区活动。宣传环保，宣传绿色出行
活动过程	4. 在日常活动中践行"绿色出行，低碳出行"。教育学生不乱扔废弃物、不随地吐痰、自带饮水、不带塑料袋等，倡导学生绿色出行，低碳出行
课程评价	采用过程性评价与终结性评价相结合的方式，以过程性评价为主，既关注过程，又关注结果。在过程性评价中对学生学习过程中所表现出来的情感、态度、价值观等方面做出发展性评价，主要目的是激励学生，使学生有成就感，增强自信心。每节课结束后，老师要根据本节课的情况记录学生课堂表现，记录每堂课是否按照计划完成
资源保障	1. 坚持每天的教研制度，保证校本课程的开发与实施工作不断完善和向纵深发展。 2. 提供四年级七班教室，学校在物力上给予最大的支持。 3. 学校将对参加校本课程的开发与实施工作的教师给予一定的奖励。如有突出成绩的，将在评优、评先时给予倾斜。 4. 组织的保障

（二）课程实例

以"低碳生活我做主"课程第一课时的课堂教学为例。

"低碳生活我能行"第一课时

1. 教学目标

（1）知识与能力：引导学生多角度、多方面了解"低碳生活"的新理念，树立环保意识；了解一些在生活中节约电、水、气的方式，从生活点滴做起。

（2）过程与方法：在实践中学会撰写活动计划，掌握多渠道收集和整理资料的方法；掌握简单的调查和采访，初步培养学生的观察力、表达能力、合作能力以及与人交往的能力。

（3）情感、态度与价值观：激发学生的参与意识、创新意识，形成自觉的环保意识，增强社会责任感。

2. 教学重难点

重点：了解低碳生活的理念，学会制订活动方案。

难点：如何制订科学合理的活动方案。

3. 活动准备

（1）教师准备：查阅有关资料（文字与影像）；制订各个阶段的指导方案与要点；制作课件；设计表格。

（2）学生准备：分组、小组初步分工；准备实践活动所需要的相机、活动记录表。

4. 教学过程

活动一：主题生成。

（1）激趣导入，揭示活动主题。

"没有兴趣的强制性学习，将会扼杀学生探求真理的欲望。"首先播放歌曲视频《地球，你好吗？》来吸引学生的兴趣，并让学生在视频中说说都看到了什么，听到了什么，想到了什么。（学生自由发言）

播放《全球变暖带来的危害》的视频。

看了这段视频你有什么话想说呢？（学生交流自己的感受）

全球变暖，危害无比之大。那么全球变暖的元凶是谁呢？对，是二氧化碳的大量排放。

刚才我们聆听了歌曲，观看了视频。老师真想把地球立马放进冰箱里让地球降降温。但这显然是老师的一厢情愿。应对全球气候变暖，给地球降温，凭老师一己之力是根本做不到的。只有我们大家携起手来，共同努力才能实现。你们有什么观后感就大声地说出来，疑问也好，感慨也罢，有什么就说什么。（学生交流）看来低碳生活已经成为当今人类无法回避的重大课题。

老师相机引入主题：低碳生活我能行。（板书主题：低碳生活我能行）

（2）介绍"低碳生活"。

了解低碳生活的含义，提问：什么叫"低碳生活"？

（出示字片）低碳生活，它是指减少二氧化碳的排放，也就是低能量、低消耗、低开支的一种生活方式。

那"低碳生活"又和我们有什么关联？学生讨论回答。

（3）提出问题。

经过师生讨论，最后定出以下四个小主题：

①"低碳生活知识"。利用课余时间或假日，去调查有关低碳生活的知识。并用手抄报或者漫画的形式展示收集成果。

②"我的衣、食、住、行"。从衣、食、住、行中找低碳。

③"寻找低碳生活小妙方"。从生活实例中寻找低碳生活的小妙方，并将这些妙方推广给同学们。

④"废物利用"。寻找生活中废物利用的例子，并动手做一做。展示手工艺品、谈自己的创意。

活动二：确定活动主题并制订计划。

（1）确定活动主题。

①回忆提出的问题。

②确定活动主题。

（2）制订计划。

①根据自己的研究主题，自由组合研究小组，推选组长。

②确定组名，提出口号。（提示：分组要求。）

③制订活动计划，教师指导。

④小组互评，交流活动计划，共同探讨活动的可行性。

活动三：开展研究活动。

（1）各小组根据活动方案，开展研究活动。

（2）学生上网查资料。

（3）开展采访活动。

（4）到社区开展调查活动。

活动四：汇总、整理资料，成果展示。

（1）看资料，生活中的碳排放。

①买一件衣服：6.4 千克碳排放；

②吃肉 1 千克：1.4 千克碳排放；

③吃普通粮食 1 千克：0.94 千克碳排放；

④用电 1 度：0.96 千克碳排放；

⑤乘坐飞机 1 000 千米以上：人均 1000 千米 139 千克碳排放；

⑥坐火车 100 千米以上：人均 100 千米 0.86 千克碳排放；

⑦乘坐公共汽车：人均 10 千米 0.13 千克碳排放；

⑧自驾车：人均碳排放 = 油耗公升数 ×0.785/ 人数（一般小轿车油耗量约 10 升 /100 千米）；

⑨步行或骑自行车：碳排放基本没有；使用 1 个塑料袋产生 0.1 克碳排放；

⑩使用 1 克纸张产生 3.5 克碳排放（一张 A4 纸约 5 克）。

看资料后，让学生说说自己的体会。

（2）展示资料。

教师：请同学们当一回地球医生，你们知道地球发热的原因吗？学生讨论回答地球发热的原因。（温室气体让地球发热）

教师：这 200 多年来，随着工业化进程的深入，大量温室气体，主要是二氧化碳的排出，使全球气温升高、气候发生变化，这已是不争的事实。

①多媒体资料展示：全球升温 1 ℃ ～ 6 ℃ 地球会发生不同程度的灾难。

教师：全球变暖将会引发暴雨、暴雪、洪水、飓风、干旱、酷热、酷寒等气候灾难，后果将是灾难性的！

②图片展示：地球气候灾难的图片，如旱灾、沙尘暴、暴雨、暴雪、洪水、飓风、酷热、酷寒等气候灾难。

教师：看完这一张张令我们触目惊心气候灾难的图片后，你有怎样的感受？

学生回答各自的感受（减少碳排放，遏制全球暖化）。

③视频展示：低碳经济在英国。

第一个提出低碳的发达国家是英国，我们去看看他们怎么样来保护他们的城市？

教师（小结）：从这段视频中我们可以看到作为第一个提出低碳经济的英国，他们居安思危，尽量摆脱对石油的依赖，致力于绿色振兴计划，减少资源的浪费。

（3）搜集、整理资料："低碳世博"知多少。

学生在预习的基础上，通过查找有关资料，搜集、列举世博会上的有关低碳方面的做法。

教师：在世博活动场地和舞美方面，"低碳环保"的科技亮点处处闪现。

活动结束后，发出倡议：低碳生活做主。

①树立低碳意识，倡导低碳生活，践行低碳生活，从我做起。

②用完水后随手关闭，珍惜每一滴水，节约使用水资源。

③节约每一度电，尽量少用照明灯具，做到人走灯灭。

④购物时，用布袋代替塑料袋，少用一次性制品。

⑤提倡循环使用教科书，不包塑料书皮。

⑥节约每一张纸，提倡双面用纸。

⑦注重环境卫生，爱护花草树木，保护野生动植物。

⑧环保出行，多乘公交，尽量步行。

⑨向家人宣传低碳环保的知识。

5. 老师总结

同学们，今天我们了解了什么是低碳生活，我们也懂得了应该怎样做才能够践行低碳生活。低碳生活是一种态度，一种生活习惯，希望我们每个人从现在开始，从生活中的一点一滴做起，从我做起。让我们每一个人都成为低碳生活的倡导者，成为低碳理念的传播者，成为"低碳生活"方式的践行者，共同携起手来建设我们的绿色低碳新家园！

第六节 "悦生六季"——责任传承季课程实例

一、"玫香泉韵"课程实例

（一）课程纲要

"玫香泉韵"的课程纲要如表 10-10 所示。

表 10-10 "玫香泉韵"课程纲要

学校名称	平阴实验学校				
课程名称	玫乡泉韵				
适用年级	五年级	总课时	12	课程类型	拓展课程
课程背景	重视素质教育是当今学校办学的主流，学校开设"玫乡泉韵——魅力家乡行"课程可以拓宽学生视野、丰富生活经历，提高学习兴趣，强健身体素质以及提高学生的应变能力。同时"玫乡泉韵——魅力家乡行"课程，可以丰富校园文化生活，更好地落实新课程改革，从而培养学生良好的兴趣和爱好，开发其潜能，进一步提高学生的综合素质。				
课程背景	活泼好动、喜欢探索是小学生的天性，"玫乡泉韵——魅力家乡行"活动作为一项户外活动是加强爱国主义和集体主义教育、磨炼坚强意志、培养良好品德的重要途径，也是促进青少年全面发展的重要方式，对青少年思想品德、智力发育、审美素养的形成都有不可替代的重要作用。 开设"玫乡泉韵——魅力家乡行"课程，让学生走出校园，深入社会，走进家乡的山水，进而丰富学生课余生活，拓展学生的知识面，磨炼其意志品质、培养学生的团队协作精神。 学校通过访谈、调查、观测等多种形式，让学生多方面、多渠道地了解家乡、认识家乡，在登山玩水实践中丰富社会经验，陶冶思想情操、增长学识才干，激发学生自觉争做合格小公民的意识和热爱家乡的情趣，同时使爱家乡内化为积极向上的动力，增强学生为家乡繁荣美好而努力学习的主动性和积极性				
课程目标	1.核心育人价值 发展兴趣，拓宽视野，丰富经历，身心健康。 2.核心概念 （1）组织引导学生亲近周围的自然环境，走近自然，热爱自然，欣赏自然美，初步形成自觉保护周围自然环境的意识和能力，培养科学探究的情趣。 （2）了解自己家乡的自然环境和人文环境，激发热爱家乡的情感。 （3）能运用观察、访问、调查资料等方式，了解家乡山水故事和文化生活。体验学习和调查的乐趣，积累实践经验。 （4）充分发挥学生的主体作用，挖掘学生的内在潜能，增强自信心和自豪感，培养团结协作、探究创新的精神和自我教育的意识，发展学生对知识的综合运用和创新能力，使学生真正成为实践活动的主人。				

课程目标	（5）让学生学会选择，学会合作，学会探究，学会创新，培养学生探索质疑、解决问题的能力，搜集信息、处理信息的能力和动手操作、主动实践的能力。 3. 教育价值 开展"玫乡泉韵——魅力家乡行"活动，满足小学生接触大自然的需求，让学生亲密接触大自然，欣赏自然美景，拓宽学生的视野，进一步感受家乡的美景；开展登山玩水活动，磨炼学生的意志品质，培养学生的团结协作意识、探究意识和环保意识，感受集体生活的乐趣，培养集体意识、集体观念、团队精神，激发学生自觉争做合格小公民的意识和热爱家乡的情趣，同时使爱家乡内化为积极向上的动力，增强学生为家乡繁荣美好而努力学习的主动性和积极性
课程评价	1. 自我评价。借助学生已有的生活经验以及对"玫乡泉韵——魅力家乡行"课程内容的初步学习，让学生来讲讲自己对家乡山水文化的认识，谈谈自己的登山感受以及参加此次活动的收获。夸夸自己哪些父母做得好，找出自身不足加以改进。
课程评价	2. 小组评价。同学之间互夸、互助、互促，共同进步。对以后的课程学习以及"玫乡泉韵——魅力家乡行"活动中的行为提出积极的改进措施，共同确定努力方向。 3. 家长评价。通过"玫乡泉韵——魅力家乡行"课程的学习、探究、体验，家长评价学生有了哪些方面的提高，哪些方面的能力还有待加强，这样能更好地帮助学生提高综合素质，实现全面发展。 4. 教师评价。教师通过观察学生在校的具体学习生活以及在户外的登山玩水探究实践来综合判断他们的学习效果。同时还可以通过学生收集的资料、手抄报、调查报告、探究日记等成果展示来评价教学效果
成果展示	1. 收集资料。按专题收集有关家乡的资料，并分类整理、呈现。 2. 办手抄报或画报。根据课程中的某一专题，学生自办手抄报，自主编辑构思版面、设计栏目，查找编写各栏目需要的文章，并根据版面的大小，合理地裁剪文章、添加插图。 3. 调查报告。总结课程学习、探究、体验的过程、成果以及收获，通过调查报告的形式向大家介绍自己研究了什么，有什么结果，有什么新观点。 4. 探究日记。学生写探究日记，可以记下快乐、进步，得到成功的情感体验；也可以记下困难、挫折，倾吐心中的不快，寻求克服困难的办法。 5. 编排节目。根据课程学习成果，编排与家乡山水相关的文艺节目，例如，配乐诗歌朗诵、诗歌情景剧表演、诗韵留香等。通过各项展示活动，学生可充分体验到参与的快乐和成功的喜悦

（二）课程实例

以"玫乡泉韵"课程中"我爱家乡山和水"主体活动为例。

"我爱家乡山和水"主体活动

1. 教学目标

（1）了解自己家乡的自然环境和人文环境，激发热爱家乡的情感。

（2）能用画笔记录下自己眼中家乡的美景和自己对家乡的感受。

（3）能运用观察、访问、调查资料等方式，了解家乡的故事和家乡的文化生活。

2. 教学重难点

重点：了解自己家乡的自然环境和人文环境，激发热爱家乡的情感。

难点：了解家乡的故事和家乡的文化生活。

3. 教学准备

（1）教具准备。

①多媒体课件：相关的自然景观图片。

②学生准备图画纸和彩笔。

③课前搜集家乡的相关资料：图片、故事、歌曲或戏曲等。

（2）课前指导。

课前调查时，我发现学生对家乡的了解是支离破碎的、模糊的，为了让学生理性地、全方位地了解家乡，我让学生自己选择调查的内容，自己与人合作，收集资料、图片，这样就使学生学习的空间得到拓展，已经不局限于教材里提到的知识。"家乡"这个词在他们脑海已经不是模糊的，而是清晰的、鲜活生动的。同学们通过自己收集资料，体现了对学习的自主性。本课注重学生查找资料这一过程，并在课前教给学生查找资料的方法，使学生有目的地去查、去学习。这样让学生在查找中更深入地了解了自己的家乡，那么，爱家乡的感情也就油然而生，达到了本课所要达到的目的。另外，把学生作为学习的主体，体现了教师的指导作用。

4. 教学过程

活动一：说说我的家乡。

听音乐，引出课题。

放音乐《谁不说俺家乡好》，学生边听边唱。猜一猜：这首歌的歌名是什么？这首歌主要唱出了什么？

今天我们就来学习第一单元的第一课。

指导看图：看课文第 2、3 页插图，通过引导学生仔细观察画面，继而提出让学生说说图中有谁，他们在干什么，他们的表情如何，心情如何，他们喜欢自己的家乡吗。

带领学生有感情地朗读书中的小诗。

启发谈话：图中的小朋友的家乡多美呀！那么你们的家乡在哪里？你们的家乡美吗？老师很想到你们的家乡去游览观光，你们欢迎吗？那就当当小导游，把家乡最美的地方介绍给老师，好吗？

学生扮导游介绍并赞美自己的家乡。

请扮演导游的学生谈自己的感想，请观看的小朋友发表自己的意见。

猜一猜。请学生描述他最喜欢的家乡的某个地方，其他学生猜猜是哪里。

活动二：画画我的家乡。

师：听了同学们的介绍，我看到同学们对家乡非常了解，对家乡非常喜爱。瞧！（放图片）这些小朋友正在画家乡的风光呢！同学们，你们是否也想展示一下呢？来，让我们画画自己美丽的家乡吧！

想一想自己居住地周围，哪里景色最美而且最熟悉，用彩笔把它画出来。

小组内展示交流，并推荐出比较好的作品，粘贴在黑板上。

请被选的同学介绍自己的作品。

出示第 5 页插图，让学生读读画中描写家乡的小诗，然后观察自己画的家乡，把观察的结果编成小诗填写在画面中。

师生共评最佳创作奖。

活动三：家乡的故事、家乡的歌。

师：家乡的山美、水美、人更美，家乡还有很多美丽动人的故事、戏曲、舞蹈。我们一起说一说、唱一唱吧！

请学生听一段家乡的快板，并介绍快板的由来。

你还知道家乡的哪些歌曲或戏曲？表演给同学们看好吗？

组织学生展示课前收集的家乡的人文景观方面的资料，或以歌舞或以讲故事等形式展示出来，大家共同分享对家乡的热爱。

家乡如此美丽，今后你准备怎样美化和建设自己的家乡呢?

发表自己的见解。

活动结束后，教师总结:同学们说得真好，相信大家会把我们的家乡建设得更加美好。

二、"厉害了，我的国"课程实例

(一)课程纲要

"厉害了，我的国"的课程纲要如表 10-11 所示。

表 10-11　"厉害了，我的国"课程纲要

学校名称	平阴实验学校				
课程名称	厉害了，我的国				
适用年级	五年级	总课时	6	课程类型	主题探究
课程简介	爱国主义作为人的一切基本道德价值观和品质，必须从小培养，经过长期教育和熏陶，才能逐步形成。对于五年级学生来说，我们爱国主义教育应该从小学生的实际出发，以教师的激发为主导，以学生为主体，以活动为依托，以环境为媒介，开展有效的德育活动				
背景分析	当响亮的国歌奏起，鲜艳的国旗冉冉升起，雄伟的天安门，让风云迎来东升的太阳，历史的耳畔犹如传来了礼炮的隆隆回响，那排山倒海般的回响，是中国沧桑巨变的回响，眼前仿佛穿过一道道阅兵式上整齐的队伍				
课程目标	围绕主题，向全体同学宣传和弘扬民族精神的重要意义，激发学生的民族自豪感和历史责任感，营造良好的学习和活动氛围;同时，更好地帮助他们了解祖国的发展变化，了解家乡的变化，增强对祖国、对家乡的热爱，自觉地把自己的成长同祖国的命运结合起来，懂得表达爱国的热情，就是从我做起，从身边的小事做起				
课程评价	采用过程性评价与终结性评价相结合的方式，以过程性评价为主，既关注过程，又关注结果。在过程性评价中对学生学习过程中所表现出来的情感、态度、价值观等方面做出发展性评价，主要目的是激励学生，使学生有成就感，增强自信心。每节课结束后，老师要根据本节课的情况记录学生课堂表现，记录每堂课是否按照计划完成				

表 10-11（续）

资源保障	1. 坚持每天的教研制度，保证校本课程的开发与实施工作不断完善和向纵深发展。 2. 提供五年级七班教室，学校在物力上给予最大的支持。 3. 学校将对参加校本课程的开发与实施工作的教师给予一定的奖励。如有突出成绩的，将在评优、评先时给予倾斜。 4. 组织的保障

（二）课程实例

以"厉害了，我的国"课程中"快闪迎国庆，放歌颂祖国"主题活动为例。

快闪迎国庆，放歌颂祖国

9 月 30 日清晨 7：40，伴着明媚的阳光，实验学校师生上演了一场精彩纷呈的歌曲"快闪"，以这种新潮的方式，庆祝新中国成立 75 周年。

活动开始，伴随着舒缓的《今天是你的生日，我的中国》这首歌曲，全校学生有的手拿小国旗、有的手拿花环、有的手拿小葵花，有秩序地从各个教学楼来到学校中心广场。在雄壮的国歌声中，国旗冉冉升起，少先队员把手高高举过头顶，行少先队员礼，以此表达心中对祖国的深情。教师代表 20 余人深情地朗诵了《我的祖国》，抒发了全校教职工对祖国的热爱和对祖国的祝福。

"我和我的祖国，一刻也不能分割，无论我走到哪里，都留下一首赞歌……"当《我和我的祖国》这首磅礴而温情的歌曲，由六名老师和学生带领全校师生唱起时，六名同学护送一面鲜艳的国旗来到主席台前，五（5）中队、五（6）中队围绕国旗摆成"70"队形，其他中队摆成"中国""I LOVE CHINA"、爱心等队形；老师们在"热烈庆祝中华人民共和国成立 75 周年"条幅上写下对祖国美好祝福的话语并庄重地签上自己的名字；随着音乐，全校师生挥舞国旗、花环、小葵花，整个校园成为欢乐的海洋。对祖国美好的祝福也此起彼伏，最后，全校师生高呼"让我们共祝亲爱的祖国 —— 生日快乐、繁荣昌盛。我爱你，祖国！"把快闪活动推向了高潮。

这次活动别出心裁，唱出了全校师生对祖国母亲的心声，引起了大家的共鸣，令人心潮澎湃。在激荡的歌声里、在灿烂的笑容里、在舞动的国旗里、在鲜亮的条幅里，洋溢并释放着实验学校师生幸福美好的生活及对美好明天的热切希望。

第七节　"悦生六季"——明法励志季课程实例

一、"法在我心中"课程实例

（一）课程纲要

"法在我心中"的课程纲要如表 10-12 所示。

表 10-12　"法在我心中"课程纲要

学校名称	平阴实验学校				
课程名称	法在我心中				
适用年级	六年级	总课时	18	课程类型	拓展课程
课程简介	结合小学生的生活实际和成长特点，致力于帮助他们不断提高法律素养，牢固确立社会主义荣辱观，逐步成为有理想、有道德、有文化、有纪律的社会主义建设者和接班人				
背景分析	在现代法治社会里，人的法治观念和遵纪守法行为，是人的一种重要品质。法治教育是公民教育的重要内容，是一种终身教育。中小学法治教育是公民教育、素质教育的一个非常重要的阶段和内容。但是，目前学校法治教育受传统教育模式的影响，存在种种弊端，不利于学校法治教育的开展。所以，我们认为在新课改中有必要加强对法治教育的研究，促进中小学法治教育科学、有效、合理地进行。我国中小学法治教育存在的一些问题如：对法治教育不够重视等				
课程目标	努力培养小学生的爱国意识、公民意识、守法意识、权利义务意识、自我保护意识，使其养成尊重宪法、维护法律的习惯，帮助他们树立正确的人生观、价值观和荣辱观，树立依法治国和公平正义的理念，提高分辨是非和守法用法的能力，引导他们做知法守法的合格公民				
实施建议	小学生法治教育要融入学校教育的各门学科、各个环节、各个方面，同时，利用课内课外相结合等方式开展形式多样的专题教育和丰富多彩的课外活动。要重视整合学校、家庭和社会的法治教育资源，发挥整体合力，提高法治教育的实效。 在学生能感受、能观察、能体验的日常生活中融入法治教育，采取适合小学生接受能力的各种生动有趣的活动方式，使学生初步了解法律，引导学生初步树立正确的价值观和良好的行为习惯。 在学生思考和探究的学习过程中融入基本的法律知识教育，理解法律在社会生活中的意义，认识法律在维护社会秩序中的重要作用，学习运用法律知识思考和分析一些简单的社会生活现象，学习运用法律手段保护自己、规范自身行为，从小做一个知法守法的公民				

表 10-12（续）

课程评价	采用过程性评价与终结性评价相结合的方式，以过程性评价为主，既关注过程，又关注结果。在过程性评价中对学生学习过程中所表现出来的情感、态度、价值观等方面做出发展性评价，主要目的是激励学生，使学生有成就感，增强自信心。每节课每次活动结束后，老师要根据情况记录学生表现，记录每堂课每次活动是否按照计划完成。表现突出的学生要做好记录
资源保障	1. 建立健全保障机制。高度重视，安排专人负责，层层落实，把法治教育与社会主义核心价值观教育融合在一起。 2. 开展法治教育活动。培养学生爱国意识、公民意识、守法意识、权利义务意识、自我保护意识，使其养成尊重宪法、维护法律的习惯。结合学生年龄特点，制订详细的活动方案，细化活动内容、探索方式方法、合理安排活动时间，确保活动效果。 3. 营造氛围，抓好工作的开展。开展观看法治教育影片、推介法治故事的活动，使学生养成遵纪守法的良好习惯

（二）课程实例

以"法在我心中"课程中"法律知识我知道"课堂教学为例。

法律知识我知道

1. 教学目的

（1）知道哪些是未成年人不能做的事情。

（2）加强法治教育宣传，增强学生的自我保护意识。

（3）让学生养成学法、懂法、依法办事的好习惯。

2. 教学重难点

重点：知道未成年人不能做的事情。

难点：通过案例分析和学生参与讨论事例增强学生的法治观念。

3. 教学资源与策略：案例分析讨论、小品表演、寻找有关法规、知识竞赛。

4. 教学过程

（1）导入。

保护未成年人健康成长，已逐步成为全社会的共识。然而，社会各方面的保护和帮助还要通过未成年人的配合才能收到良好的效果。其中一个重要原因是家长、教师和社会不可能时时刻刻呵护着未成年人，未成年人只有自己长本事，才能有效防范来自社会生活中的侵权、侵害。所以，在加强来自家庭、学校、社会保护的同时，未成年人认真学习法律知识，依法自律，正确对待父母和学校的教育，运用法律武器保护自己的合法权益是十分必要的。

（2）主要内容。

①你对法律知多少。

说出你所知道的有关青少年的法律法规的名称。

②请你举例说说哪些是未成年人不能做的事情。

旷课、夜不归宿，参与赌博或者变相赌博，偷窃、故意毁坏财物，强行向他人索要财物，进入法律、法规规定未成年人适宜进入的营业性歌舞厅等场所，观看、收听色情、淫秽的音像制品读物等，打架斗殴、辱骂他人，携带管制刀具，等等。

师：为保护未成年人健康成长，《中华人民共和国未成年人保护法》和《中华人民共和国预防未成年人犯罪法》分别做出了一些禁止性规定，如要自觉做到：不吸烟、酗酒、流浪、聚赌、吸毒，不弃学经商、从工，不进营业性舞厅等不适宜未成年人活动的场所，不看淫秽、暴力、凶杀、恐怖等书刊、录像，不侵害其他未成年人的合法权益。

③法律知识检测（判断题）。

保护在学校中接受义务教育的未成年学生的合法权益只是学校的责任。

（×）

《中华人民共和国未成年人保护法》的规定，表明我国用专门法律保护青少年的正当权益，约束青少年的行为。

（√）

社会保护归根结底是要创造一种有利于未成年人健康成长的学校和家庭环境。

（×）

国家专门制定未成年人保护法，要求全社会共同努力保护未成年人健康成长。可见保护未成年人是社会的责任，与我们未成年学生无关。（×）

未成年人除了家庭保护和学校保护外，还需要社会保护。（√）

有违法行为的我国未成年人，不属于我国未成年人保护法保护的对象。（×）

④正确对待父母和学校的教育。

师：随着年龄的增长，未成年学生的独立自主意识逐渐增强。未成年学生的独立自主的意识是很可贵的，有些未成年学生对家长和教师的教育缺乏正确的态度。如认为父母"赶不上潮流"，对父母的话听不进去，甚至动不动就与父母顶撞，耍态度，发脾气；对教师的批评教育很反感，认为是和自己过不去。如果连教师、家长的正确教育也不接受，那就很容易在生活的道路上出现偏差。

观看一个小品，主要内容是：一个考试不及格的学生因为害怕第二天的家长会很晚才回到家。回家之后父亲知道他成绩很差就辱骂他，逼得他与父亲顶撞之后离家出走。

请大家思考：你是怎样看待故事中的父子俩的做法的？（讨论交流）

⑤学会运用法律武器保护自己的合法权益。

未成年人应该懂得，当自己的合法权益受到侵害时，自我保护最有效的措施是求助法律。依法维权不仅能保护自己的合法权益不受侵害，而且能维护法律的尊严。

案例：小周家住湖北农村，是六年级学生。1996 年月 11 月 3 日，在骑车途中，不慎将 8 岁女孩小雷撞倒在地致伤，雷家要求周家赔偿，双方未能达成一致意见，雷家到镇派出所报案，要求周家赔偿损失。派出所召集双方家长调解未成，于是派人到学校将小周带回派出所拘留。周母到派出所要求放人，派出所答复，必须交纳 1 000 元才放人。周家因家穷被迫四处筹钱，但仍凑不够钱，被迫写下欠条，之后，派出所才放出小周。小周回家后，越想越不服，联想起在学校学的法律知识，决定讨一个说法。于是小周向当地法院递交起诉状，法院经审理后，认为派出所行为是违法行为，必须退还周家交纳的钱。小周终于依法维护了自己的尊严。

⑥学会断案。

案例 1：谁应为未成年人夜不归宿负责任？

晓雪今年 17 周岁。自今年 5 月份起，她在课余时间常与社会上一些不三不四的青年人混在一起，进行小的赌博，观看色情淫秽录像，甚至夜不归宿。叔叔得知此情况后告诉了晓雪父母，并劝说他们多管管孩子。可他们却说晓雪已经懂事，不会出问题的。无奈，叔叔又找到留宿晓雪的房屋主人李某交涉。李某却反唇相讥："你侄女愿意住在这儿，叫我有什么办法，你家人是如何教育孩子的？"

请问，晓雪父母和房主李某的行为是否违法？应承担什么法律责任？

案例2：父母不让孩子上学违法吗？

村民赵某家有一子一女，均达到法定入学年龄。但赵某有重男轻女思想，仅让其九岁的儿子上学，其女儿则被留在家里帮助干活。村委会干部多次劝说赵某将女儿送到学校去读书，均被赵某以自家的事不用他人来管而拒绝。你认为赵某的做法是否违法？（讨论交流）

5. 总结

我们未成年人要从小学法、知法、懂法，才能更好地保护自己。

二、"励志教育"课程实例

（一）课程纲要

"励志教育"的课程纲要如表10-13所示。

表 10-13　"励志教育"课程纲要

学校名称	平阴实验学校				
课程名称	励志教育				
适用年级	六年级	总课时	4	课程类型	主题探究
课程价值	积极开展励志教育，努力提高小学生自主发展能力。通过探索及实施，学校构建起引领学生全面发展、主动发展的德育课程体系，探索出一套激励学生积极向上、顽强拼搏、用自己力量成长的励志教育课程实施的途径和方法；培养具有健全人格、巨大发展潜能的新型小学生；使我校的德育工作有大的创新及突破，形成我校鲜明的德育工作特色： （1）学校通过励志教育使学生励志成长，提高学生的意志品质和学习能力等自主发展的能力，促进学生身心健康，利于学生自由、充分、全面发展。 （2）学校通过师生共同参与励志教育活动，实现从学生的被动发展向学生自主发展的转变。如学生从被动接受式学习向学生自主学习、主动学习转变；从教师是单一的管理者向学生自主管理的转变；从关注学生学习成绩到关注学生全面发展的转变，进一步培养学生走向社会、适应社会的能力。 （3）学校通过激发和唤醒学生内动力，让学生用自己力量成长；引导学生积极探索人生的意义、生命的价值，确立高尚的理想，远大的目标；培养具有人文情怀、坚毅品质、自主发展能力强的新一代中学生				
背景分析	学校以信念教育为导向、以教育激励为手段、以科学发展观为指导，激发和唤醒学生内动力，让广大学生把学习当作天职，把激情化为动力，把理想变成现实。勉励学生树立远大志向，培养学生吃苦耐劳、坚忍不拔的毅力，教育学生从现在做起，从身边小事做起，正确对待挫折，自立自强自信，从"被成长"中产生生命自觉，用自己的力量成长，最终达到成人成才				

表 10-13（续）

课程目标	努力实现以下四个方面的转变： 1. 学生学习上由"要我学"到"我要学"的转变； 2. 品行上由"不敢犯错误"到"不愿犯错误"的转变； 3. 管理上由"我被管理"到"我管理自己"的转变； 4. 发展上由"要我成才"到"我要成才"的转变
课程实施	1. 开展日常励志教育。 （1）励志故事、语录。教导处精选部分励志小故事发送给各年级，各年级也可以在此基础上自己寻找适合年龄段的励志小故事互相分享。班主任利用晨会时间带领读故事，谈体会或者写一句体会感言。精选励志语录，班主任利用晨会时带领学生集体朗读。对于一些精选语录，还可以利用升国旗的时候，全校师生集体朗读。让学生在读故事、诵语录中，潜移默化地接受励志教育，让故事中的人或事走进学生内心，使教育意义深刻久远。 （2）成长记录。学生填写的方法，要求"只记进步不记忏悔，只记快乐不记烦恼，因为进步和快乐的累积会产生巨大的力量助我前行"。在学生每日的自我肯定与教师激励共同作用下，实现学生的自立自强自信，主动成长。 2. 开展丰富多彩的励志教育活动。 我校每周一的升旗仪式，开设了学生"国旗下的讲话"活动，短小精悍的励志故事，寓意深刻，深受学生的喜爱。每周的励志主题班会，师生共同设计方案，每节班会的设计，都以学生为主体，充分发挥学生的能动性，以保证每节班会都能够取得相应的课后效果。学校还定期开展"励志伴我共奋进"演讲比赛、优秀学子励志报告、观赏励志电影。这样的活动，不仅锻炼了学生的自身素质，还起到了以理想带动理想、用规划促进规划的效果，使得每名学生都具有了一种强有力的、积极进取的学习态度。 3. 励志教育主题活动（主题班会）。 由班主任带领学生完成的每月一次的主题活动课，形式上主要以学生喜欢的形式为主，比如励志视频、课堂讨论、励志歌曲、励志故事等，让学生体验领悟，建构认知，调整心态，探求在具体情景下的最佳行为方式，从而不断提升心理品质和道德品质，促进学生成人成才
课程评价	1. 形成性评价及终结性评价相结合，更侧重形成性评价。加强平时检查督促的力度，学校行政人员、年级部主任不定期检查，了解各班级的落实情况，及时评价，及时反馈和调控，充分发挥评价的激励导向功能。 2. 定性评价及定量评价相结合，更重视定性评价。重视对学生多角度、多视角的评价，对于学生文明礼仪、行为习惯等方面进行督查评比。 3. 每次在检查时，对表现突出的班级和学生给予表彰。 4. 对班级实行整体评价，作为学期末先进班级的重要依据

（二）课程实例

以"励志教育"课程中"励志教育"演讲比赛活动为例。

"励志教育"演讲比赛活动

1. 活动目的和意义

中国优秀传统文化博大精深，蕴含着丰厚的民族精神和道德理念，有很多励志故事、励志诗词警句，是我们在新时代进行青少年思想道德建设的重要思想养分，为了引导青少年树立正确的世界观、人生观、价值观，成为有民族自尊心、自信心和自豪感的"四有"新人，进一步加强学生前途理想教育，切实将中华优秀传统文化全方位融入学校德育教育的过程中，坚持立德树人为根本任务，让青少年学生在学习中华优秀传统文化、参与丰富多彩的活动的过程中，培育深厚的民族情感，增强文化自觉和文化自信；为了进一步优化育人环境，深化学校教学改革，全面提升学校质量，营造浓厚的学习氛围，推动文明和谐校园建设，经学校研究决定特举办本次"弘扬中国传统文化，励志教育"演讲比赛活动。

2. 演讲主题

弘扬优秀传统文化，发奋图强，共圆梦想。

3. 主办单位

主办单位为平阴县实验学校。

4. 活动程序

（1）班级组织学习与推荐。

各班级要积极广泛宣传发动，引领学生深入学习中国优秀传统文化，准确把握优秀传统文化思想内涵，根据励志故事、励志名言警句，结合学生自身生活实际、前途理想、学习方法写出演讲稿，在班级活动的基础上，每一个班级向级部推荐一名选手参加级部演讲选拔赛。

（2）级部选拔预赛阶段。

各年级级部主任组织本年级各班演讲选手进行预赛选拔，每个级部评选出一等奖3名、二等奖5名（或6名），把选拔结果上报学校德育中心，其中一等奖参加学校组织的校级演讲比赛活动。

（3）校级演讲决赛。

5.评委会及奖项设置

（1）预赛评委由各年级主任组织；

（2）决赛比赛设一等奖 2 名，二等奖 3 名，三等奖 4 名。

6.评分和班级量化加分办法

（1）打分：评委根据评分标准与细则认真打分，总分 20 分。

（2）计分：去掉一个最高分和一个最低分，所得分数总和即选手最后得分。

（3）班级量化加分办法：校级一等奖给班级加 5 分；二等奖加 4 分；三等奖加 3 分；优秀奖加 2 分。

参考文献

［1］林崇德. 21 世纪学生发展核心素养研究［M］. 北京：北京师范大学出版社，2016：30-32.

［2］杨德军，黄晓玲. 高中学生发展核心素养与学校课程创新［M］. 北京：北京师范大学出版社，2019：45-55.

［3］檀传宝. 德育原理［M］. 北京：北京师范大学出版社，2007.

［4］鲁洁，王逢贤. 德育新论［M］. 南京：江苏教育出版社，2010.

［5］易连云. 德育原理［M］. 武汉：武汉大学出版社，2010.

［6］刘济良. 德育原理［M］. 北京：高等教育出版社，2010.

［7］班华. 现代德育论［M］. 合肥：安徽人民出版社，2001.

［8］戚万学，唐汉卫. 学校德育原理［M］. 北京：北京师范大学出版社，2012.

［9］教育部教师工作司. 小学教师专业标准（试行）解读［M］. 北京：北京师范大学出版社，2013.

［10］高德胜. 追求更有道德意蕴的核心素养［J］. 西北师大学报（社会科学版），2021，58（1）：95-107.

［11］毕研艳. 谈小学道德与法治课堂的"德育"味［J］. 教育艺术，2023（10）：1，3.

［12］谢华. 小学普特融合跨群体同伴支持活动的设计与实施［J］. 现代教学，2023（20）：58-61.

［13］高丛. 小学数学教学中融入德育的有效策略［J］. 河南教育（教师教育），2023（11）：74-75.

［14］夏惠贤，李国栋. 从立德树人看小学语文教科书德育内容的改进：基于苏教版与人教版的比较研究［J］. 全球教育展望，2016，45（4）：94-105.

［15］姚中华. 浅谈小学班主任德育教育中如何有效实施激励策略［J］. 才智，2015（23）：89.

［16］班建武，檀传宝. 改革开放 30 年中小学德育课程的变迁与发展［J］. 思想理论与教育，2008（24）：14.

［17］吴潜涛，郭灏. 新时代党的教育方针的创新发展及其实现路径［J］. 中国高校社会科学，2019（2）：21-32，157.

［18］秦苗立，包瑜. "公正团体法"对我国小学班级建设的启发［J］. 前沿探索，2016（20）：9-10.